Schreibwerkstatt

Duden Schulbuchverlag

Berlin · Mannheim

Autorin
Claudia Puhlfürst

1. Auflage
1 5 4 3 2 1 | 2013 2012 2011 2010 2009
Alle Drucke dieser Auflage können im Unterricht nebeneinander benutzt werden.
Die letzte Zahl bezeichnet das Jahr des Druckes.

Internet www.duden.de

Redaktion Dr. Detlef Langermann
Gestaltungskonzept Simone Hoschack
Einband Britta Scharffenberg
Layout Nina Geist, Marlis Konrad
Grafik Nina Geist, Marlis Konrad
Titelbild Text, Duden Paetec GmbH; Düne, Marlis Konrad
Druck und Bindung DZA Druckerei zu Altenburg GmbH, Altenburg

ISBN 978-3-8355-6522-7

Bildquellenverzeichnis:

Bibliographisches Institut AG: 23/2; Brezmann, Susanne, Hamburg: 59/1; Duden Paetec: 17/2; iStockphoto/Nikada: 3/1, 4/1; Marlis Konrad, Falkenrehde: 6/1, 10/1, 14/1, 79/1; Detlef Langermann, Berlin: 44/1; Fotoarchiv Panorama: 37/1; Walther-Maria Scheid, Berlin: 12/1; Werner Winkler, Fellbach: 17/1; www.zeno.org: 23/1

Vorwort

Wozu kreatives Schreiben?

Im Literaturunterricht standen bislang vor allem analytische Verfahren der Texterschließung im Vordergrund. Literarische Texte werden im Unterricht oft unter ihrem „meaning-Aspekt“ betrachtet, das heißt, man untersucht, was „der Schriftsteller meint“ oder dem Leser „sagen will“. Dazu wird der Text untersucht, analysiert und systematisiert.
Durch produktions- und handlungsorientierte Verfahren werden das Lesen und Verstehen literarischer Texte unterstützt und ergänzt. „Handlungsorientierte Schreibanlässe“ fanden in Verbindung mit Methoden bei der Texterschließung erst in den letzten Jahren verstärkt Einzug in didaktische Konzeptionen, und somit auch in die Lehrpläne. Die Forderung, mit Texten „produktiv“ umzugehen, ist inzwischen in den Lehrplänen verschiedener Bundesländer festgeschrieben worden.
Solche produktions- und handlungsorientierten Verfahren sind z. B. (eine Auswahl):

- „Freies Schreiben“,
- Verändern einer literarischen Vorlage,
- Rollenspiele,
- offener Unterricht,
- Videosequenzen,
- Assoziieren,
- Clustering,
- Interview,
- Reportage.

Ziele des Heftes

Befürchtungen, dass durch Methoden des kreativen Schreibens das Verstehen des Textes und seine Aussageabsicht verloren gehen könnten, werden durch Studien und Unterrichtsversuche widerlegt. Schülern gelingt es durchaus, sich mit dem Text durch eigenes Schreiben, durch Verändern der Vorlagen, Rollenspiele oder Videosequenzen produktiv und kreativ auseinanderzusetzen. Mithilfe kreativer Schreibmethoden entsteht ein hohes Maß an Verstehen und Nachvollziehen durch erlebendes Hineinversetzen, sich Identifizieren oder Ablehnen und es kommt zu einem Wiedererkennen eigener Erfahrungen und Lebenssituationen – der sogenannten „significance“.
Sprachspiele bringen ein Miteinander von Sprachkonventionen und Fantasie mit sich und setzen so kreative Prozesse in Gang. Das Prinzip der Irritation durch Nonsenstexte, Schreibspiele oder surreale Bilder und Texte kann als Schreibanlass genutzt werden, die Kreativität wird geschult, was nicht zuletzt einen messbaren Nutzen für Prüfungen und Tests mit sich bringt.

Claudia Puhlfürst

1 Kreatives Schreiben im Deutschunterricht

1.1 Die Entwicklung des kreativen Schreibens – Historie

Die Anfänge des kreativen Schreibens lassen sich bis in die Antike zurückverfolgen. Schriftsteller haben zu allen Zeiten ihnen bekannte kreative Methoden genutzt oder neue erfunden. In der Antike wurden Sprach- und Schreibspiele verwendet, die nachfolgend in der mittelalterlichen bis hin zur barocken Dichtung beliebt waren. Solche **Sprach- und Schreibspiele** sind z. B.: das Akrostichon, das Akroteleuton, der Aphorismus, das Epigramm, die Xenie (Xenien).
Beim **Akrostichon** (griechisch: *akros* = Spitze; *stichos* = Vers) ergeben die Versanfänge, z. B. Buchstaben oder Wörter, hintereinander gelesen einen Sinn.

Iesoùs (Jesus) **Ch**reistòs (Christus) **Th**eòu (Gottes) **Y**iòs (Sohn) **S**otèr (Erlöser)	**G**eist **E**rfreuliches **M**iteinander **E**rnsthaftigkeit **I**nteresse **N**eugier **S**uche **A**nregung **M**ut	**K** **R** **E** **A**usprobieren **T** **I** **V**
I Ch Th Y S (Fisch)	**G E M E I N S A M**	**K R E A T I V**

Das **Akroteleuton** (griechisch: *akroteleútion* = Endreim) besteht aus mehreren Wörtern gleicher Länge, die untereinander geschrieben werden, wobei die vertikal gelesenen Anfangsbuchstaben der Wörter einen eigenen Begriff ergeben. Ihre Endbuchstaben müssen das gleiche Wort – von unten nach oben gelesen – ergeben, sodass das Akroteleuton eine rechteckige oder quadratische Struktur besitzt.

L	E	S	E	N
E	R	B	S	E
S	E	C	H	S
E	L	O	G	E
N	E	B	E	L

K	E	G	E	L
A	G	A	M	E
M	O	D	E	M
E	R	I	K	A
L	Y	R	I	K

Kurze medizinische Lehrsätze von Hippokrates wurden ursprünglich **Aphorismus** (griechisch: *aphorismós* = Abgrenzung, Definition, Lehrsatz) genannt. Heute gilt der Aphorismus (auch „Aperçu“ oder „Bonmot“) als eine eigenständige Prosagattung und wird definiert als kurze, prägnante Aussage mit geistreichen, subjektiven Gedanken, die ein originelles Werturteil, eine persönliche Erkenntnis oder Lebensweisheit enthalten.

- „Für das Können gibt es nur einen Beweis: das Tun.“
- „Nur der Denkende erlebt sein Leben, am Gedankenlosen zieht es vorbei.“
- „Die guten Freunde sind da, um uns zu sagen, was unsere Feinde von uns denken.“
- „Der Geist einer Sprache offenbart sich am deutlichsten in ihren unübersetzbaren Worten.“
- „Der Gescheitere gibt nach! Ein unsterbliches Wort. Es begründete die Weltherrschaft der Dummheit.“
- „Es darf so mancher Talentlose von dem Werk so manches Talentvollen sagen: Wenn ich das machen könnte, würde ich es besser machen.“

  (Marie von Ebner-Eschenbach)

Das **Epigramm** (griechisch: *epigramma* = Aufschrift) war ursprünglich eine Aufschrift an einem Weihgeschenk, einem Grabmal, einem Kunstwerk o. Ä. und diente als Bezeichnung des Gegenstandes und dessen Bedeutung. Heute versteht man darunter ein Sinngedicht, einen scharfsinnigen Einfall, etwas Kurzes, Pointiertes, manchmal auch Satirisches, im Unterschied zum Aphorismus jedoch in Reimform:

- „Es gibt nichts Gutes, außer man tut es.“

  (Erich Kästner)

- „Cäsar
  Er kommt, er schaut, er siegt,
  Er herrscht, er unterliegt.“

  (Johann Christoph Friedrich Haug)

Xenien (griechisch: *ta xenia* = Gastgeschenk) waren nach Marcus Valerius Martialis, einem römischen Dichter, ursprünglich Epigramme, die als freundschaftliche Begleitverse zu Geschenken gedacht waren. Heute bezeichnet man ein polemisches Epigramm gegen andere zeitgenössische literatur- und kunstkritische Richtungen als Xenie. Die Xenie wird gern in Distichonform verfasst und eignet sich besonders für zugespitzte Formulierungen.

- „Hostem cum fugeret, se
  Fannius ipse peremit.
  Hic, rogo, non furor est, ne
  moriare, mori?“

  (Marcus Valerius Martialis)

- Als vor dem Feind er floh, hat Fannius selbst
  sich getötet.
  Ist es nicht toll, dass, um nicht sterben zu
  müssen, man stirbt?

1. *Kreieren Sie selbst Beispiele für die genannten Sprach- und Schreibspiele!*

Das **Konzept des kreativen Schreibens** – *creative writing* – stammt aus dem amerikanischen Raum und wurde ab etwa 1900 zuerst vorwiegend für das journalistische Schreiben verwendet, dann jedoch schon bald auf das literarische Schreiben übertragen.

Entwicklung des Konzepts kreatives Schreiben:

Heute	**USA:** ▪ „Creative Writing" an über 400 Universitäten ▪ mehr als zehn Zeitschriften zum Thema ▪ über 1500 „Schreibforscher"
ab **1970**	**Europa (Deutschland):** „Creative Writing" als Methodenkonzept entsteht
ab ca. **1920**	**USA:** ▪ kreative Schreibspiele nach antikem Vorbild ▪ literarisches Schreiben nach kreativen Konzepten *erste Schreibkurse an der University of Iowa* **Europa (Deutschland):** ▪ „Dada-Bewegung" (ab 1916) Dadaismus/Dadaisten *Lautgedicht, Arpaden*
ab **1900**	**USA:** journalistisches Schreiben nach kreativen Konzepten
Barock von 1575 bis 1770	Sprachspiele, kreative Schreibspiele, *Akrostichon,* *Akroteleuton,* *Aphorismus,* *Epigramm,* *Xenie*
Mittelalter von etwa 500 bis 1500	
Antike von 1200 v. Chr. bzw 800 v. Chr. bis ca. 600 n. Chr.	

1. *Definieren Sie den Begriff „Dadaismus"!*
2. *Recherchieren Sie die „Dada-Bewegung"!*
3. *Stellen Sie bekannte Dadaisten und Beispiele ihrer Schöpfungen dar!*

1.2 Kreatives Schreiben im Unterricht

Klassisches und modernes Konzept

	Klassischer Literaturunterricht	Moderner Literaturunterricht
Was wird unterrichtet?	– **analytische** Verfahren der Texterschließung – Überbetonung des Schreibens und Lesens nach vorgegebenen Regeln – **Hermeneutik** – **strukturalistisches** Textbeschreiben	– **„handlungsorientierte** Schreibanlässe" – mit Texten **„produktiv"** umgehen: z. B. Freiarbeit, offener Unterricht und „freies Schreiben"
Wie geht man dabei vor?	– Literarische Texte werden unter ihrem **„meaning-Aspekt"** betrachtet – was „der Schriftsteller meint" oder dem Leser „sagen will". – Der **Text** wird untersucht, **analysiert** und systematisiert. – Literatur nicht als Lesen und innerliches Erfahren des Kreativen, sondern **„Untersuchen"** oder **„Zerpflücken"** von Texten	– **Lesen und Verstehen** literarischer Texte werden unterstützt und ergänzt. – **„Lesegenuss"** – **Unterhaltungswert** und/ oder – persönliche **Betroffenheit** werden wahrgenommen.

Methodenvielfalt

Handlungsorientierte „Schreibanlässe" sollten in Verbindung mit Methodenvielfalt stehen. Zudem belegt die Hirnforschung, dass eine Überbetonung der linken, analytisch-logischen Hirnhälfte Nachteile mit sich bringt. Die Denkergebnisse fallen oft dürftiger, schablonenhafter aus, weil sie ohne die „gefühlvolle", ergänzende rechte Hirnhälfte entstehen. Kreativität bedarf der Sinnlichkeit, denn Sinnesschulung erzielt eine Steigerung von Wortschatz und Ausdrucksfähigkeit. Kreativer Unterricht sollte möglichst mehrere Sinne ansprechen (↗ naturalistische Schreibtechnik, S. 78). Wörter, die Emotionen vermitteln, können nicht einfach wie Vokabeln gelernt werden, erst das Erleben und Ausprobieren machen sie dem Geist zugänglich.

Steigerung von Wortschatz und Ausdrucksfähigkeit

Schulung der Sinne → Förderung und Stärkung von **Tugenden** wie:
- Ausdauer
- Kooperationsfähigkeit
- Teamfähigkeit

Projekt: Schulung der Sinne.
„Ich bin ganz Ohr": Schließen Sie die Augen. Versuchen Sie eine Minute lang, alles bewusst wahrzunehmen, was Sie hören. Notieren Sie Ihre Eindrücke. Verarbeiten Sie diese zu einer schriftlichen Szene Ihrer Wahl. Wiederholen Sie das Ganze, indem Sie nur Seheindrücke, Tastempfindungen oder Gerüche nutzen.

2 Kreatives Schreiben – Überblick

2.1 Kreatives Schreiben – Begriffsdefinition und Hauptkonzepte

Kreatives Schreiben geht über klassischen Schreibunterricht hinaus. Eine einheitliche Beschreibung der Prozesse des kreativen Schreibens gibt es nicht, da sich Ansätze, Grundlagen, Methoden und Ziele unterscheiden.
Der Begriff **„Creative Writing“**, das ist die wissenschaftliche Bezeichnung, entstand in den USA. Kreatives Schreiben greift auf die Kulturtechnik des Schreibens zurück. Mit methodischen Übungen versucht man, die kreativen Ressourcen des Einzelnen zu entdecken, um sie im Schreibprozess zum Ausdruck zu bringen. Es gibt kaum feste Vorgaben. Ein Gedicht muss sich nicht unbedingt reimen und keinem Versmaß entsprechen.
Kreatives Schreiben beinhaltet u. a.:

- das Erstellen von originellen und individuellen Texten,
- das Nutzen von Schreibtechniken, welche die Kreativität stärken,
- die Entfaltung neuer Ausdrucksmöglichkeiten und Kommunikationsformen und damit auch Wege zur Selbsterkenntnis.

Normiertes Schreiben – kreatives Schreiben

Im Unterricht dominierten in Deutschland bis in die 1970er-Jahre Darstellungsformen des regelgerechten – „normierten“ – Schreibens. Auch freie Formen, z. B. ein Erlebnisbericht, mussten festen Normen, die eine einheitliche Benotung ermöglichen, genügen. Beim **normierten Schreiben** sind Form, inhaltliche Bestandteile und sprachliche Gestaltung weitgehend vorgeschrieben, also normiert.
Formen des normierten Schreibens sind z. B. Bewerbungsschreiben, Lebenslauf, Beurteilung, Empfehlungsschreiben, Protokoll, Versuchsbeschreibung, Geschäftsbrief oder Reklamationsschreiben.
Die Wegbereiter des kreativen Schreibens entwickelten Alternativen zum klassischen „Aufsatzunterricht“. In den 1970er-Jahren gab es in der Bundesrepublik Deutschland den „curriculumsorientierten kommunikativen Aufsatzunterricht“, der in den 1980er-Jahren von bildungs- und identitätstheoretischen Ansätzen abgelöst wurde. In der DDR gab es kaum Ansätze zur Förderung des kreativen Schreibens im Deutschunterricht.

Hauptkonzepte des kreativen Schreibens

Derzeit gibt es vier Möglichkeiten oder Hauptkonzepte, das kreative Schreiben zu klassifizieren. Sie sind nicht immer absolut voneinander zu trennen, die Übergänge sind fließend.

1. **Spiel mit der Sprache**
   - Schreibspiele dienen dazu, „Ehrfurcht“ vor dem geschriebenen Wort abzubauen, die das freie Schreiben hemmen kann.
   - Schreibspiele dienen als Einstiegsübungen in komplexere Methoden des kreativen Schreibens.
   - Schreibspiele sind Inspirationsquelle.
   - Schreibspiele helfen, einen freudvollen, unbeschwerten Zugang zu sprachlichem Ausdruck zu finden.

2. **Kreatives Schreiben in der Schule** (schulische Schreibdidaktik)
   - Ab den 1970er-Jahren gibt es in der damaligen BRD den „curriculumorientierten kommunikativen Aufsatzunterricht“.
   - In den 1980er-Jahren treten in der damaligen BRD zunehmend bildungs- und identitätstheoretische Ansätze in den Vordergrund.
   - Heute sind kreative Schreibmethoden meist selbstverständliche methodische Elemente.
   - Es herrscht Methoden- und Konzeptionspluralismus.
   - Es gibt ein Bemühen, die verschiedenen Ansätze zu integrieren.

3. **Methode der autobiografischen Selbstreflexion** (auch als therapeutisches Mittel)
   - Schreiben ist Form von Selbstausdruck, bei der der Schreibende zugleich das Ergebnis seines Handelns betrachtet.
   - Der Schreibende gewinnt beim Schreiben Erkenntnis über unbewusste Neigungen und Wünsche.
   - Methoden sind z. B. das Führen eines Tagebuchs, das Führen eines Journals, das Verfassen von Memoiren, der Blog.

   Es ist ratsam, den therapeutischen Einsatz kreativer Schreibmethoden professionell begleiten zu lassen.

4. **Pragmatik des Schreibens** in Literatur, Theater, Film und Wissenschaft
   Das griechische Wort „pragma“ bedeutet „handeln“. Die Pragmatik ist eine Fachrichtung, die sprachliches Handeln und die Verwendung von Sprache erforscht.
   Die Pragmatik des Schreibens wird gelehrt in
   - Schreibkursen an Volkshochschulen,
   - Schreibwerkstätten,
   - Romanwerkstätten,
   - Schreibseminaren von Vereinen und privaten Anbietern,
   - Kursen im kreativen wissenschaftlichen Schreiben an Universitäten.

2.2 Kreativitätsbegriff

Kreativität und menschliches Gehirn

Kreatives Schreiben ist ein gestalterischer Prozess, der beide **Hemisphären des Gehirns** benutzt – die linke, rationale und die rechte, emotionale. Diese Interaktion bewirkt einen kreativen Vorgang. Die moderne Kreativitätsforschung beschreibt den Kreativitätsprozess als einen Akt, der für ein Individuum etwas Neues darstellt oder im weiteren Sinne etwas Neues für einen Kulturkreis oder die Menschheit bedeutet. In unserem Gesellschaftssystem wird auf Leistungen der linken Hemisphäre größerer Wert gelegt. Eine Sechs in Mathematik hat meist weitreichendere Folgen als eine Sechs in Musik. Im Beruf werden oft logisches Denken und Analysefähigkeiten mehr geschätzt als Fantasie und Intuition. Beim kreativen Schreiben werden möglichst alle Sinne einbezogen: Sehen, Hören, Riechen, Schmecken, Fühlen. Die Anregung der Sinne, z. B. durch Farben, Musik, Natureindrücke, Gerüche, ist ein wesentlicher Auslöser für den Zugang zu unseren inneren Ausdrucksmöglichkeiten.

Aufbau des Großhirns und die Arbeitsteilung der Hemisphären

Linke Gehirnhälfte	Rechte Gehirnhälfte
Sie steuert die rechte Körperhälfte und ist verantwortlich für: – Planung – Analyse – Zahlen + Rechnen – Logik – Regeln – Gesetze – Sprache + Lesen	Sie steuert die linke Körperhälfte und ist verantwortlich für: – Körpersprache – Intuition – Fantasie, Kreativität – visuelles Denken – Raumempfinden – Gefühle – Personen- und Erlebniserinnerungen – Kunst, Tanz, Musik, Farben

Linke Gehirnhälfte und Rindenfelder

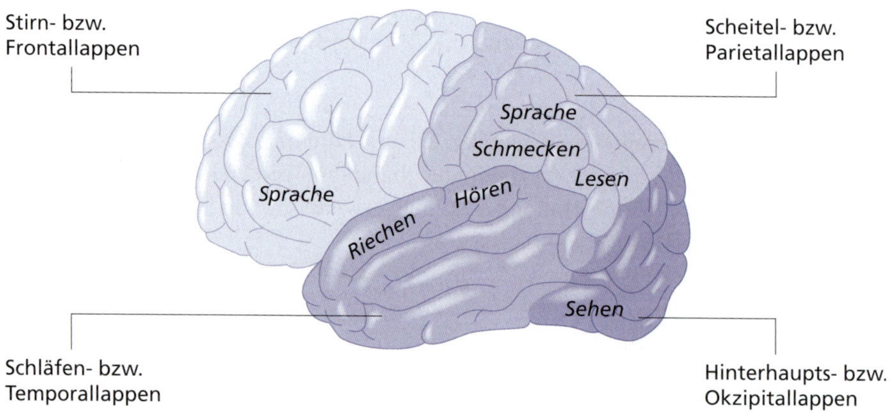

Kreative Denkprozesse

(*creare* = etwas neu schöpfen, erfinden, erzeugen, herstellen, aber auch auswählen)
Als Kreativität wird die Fähigkeit, schöpferisch zu denken, bezeichnet. Sie lässt sich nur schwer messen. Ein Großteil der Prozesse verläuft unbewusst. Kreative Denkprozesse verlaufen immer mehr oder weniger gleich in fünf Phasen.

Schema zum Ablauf kreativer Denkprozesse

Phase 1: Vorbereitung und Wissenserwerb

- Kreativität beginnt mit Neugierde. Aber: Ohne Lernen keine Kreativität. Ein leerer Kopf kann nichts erfinden.
- Intensives Studium ist die Voraussetzung, nützlich sind aufgeschlossenes und offenes Lernen.
- Alltagstrott ist der größte Feind der Kreativität. Kreativen Köpfen sind Nonkonformismus und Unabhängigkeit zu eigen.
- Der Austausch mit aufmerksamen Zuhörern ist inspirierend und klärt die Gedanken, der Kreative bedenkt auch Kritikpunkte, Argumente und Meinungen anderer.

Phase 2: Die kreative Pause (Inkubation = Ausbrüten)

- Das ist die sogenannte „Inkubationszeit“: Das gesammelte Wissen wird (unterbewusst) verarbeitet.
- Nachdem Wissen erworben wurde, muss es erst einmal ruhen = **unbewusste Verarbeitungsebene.**
- Das Gehirn verarbeitet die erhaltenen Informationen aus der ersten Phase weiter.
- Eine anregende Umgebung fördert das kreative Denken.
- Zwang verhindert kreatives Denken.

Phase 3: Der Geistesblitz (Illumination = Erleuchtung)

- „Heureka! Ich habe es gefunden!“ (Archimedes)
- Der Geistesblitz ist bis heute ein Rätsel für die Hirnforschung. Es ist nicht geklärt, wann und wie es dazu kommt.

Phase 4: Distanzierung + Realisierung

- Distanzierung heißt, eine kritische Distanz zum Geistesblitz zu finden.
- Dazu müssen Sie die Idee (Geistesblitz) abwägen, einordnen und auf seine Tauglichkeit überprüfen.

Phase 5: Umsetzung/ Verifikation (Bestätigung der Richtigkeit durch Überprüfung)

- Es folgt nun die Tat, die Ausarbeitung.
- „Kreativität ist zu 1 % Inspiration und zu 99 % Transpiration. Kreativ ist nur der Einfall, der Rest ist Handwerk.“ (Thomas Alva Edison)

3 Die Methoden des freien kreativen Schreibens im Unterricht

3.1 Überblick

Freies kreatives Schreiben

Mithilfe des freien kreativen Schreibens kann man die Motivation steigern, Selbsterfahrungen machen oder Schreibblockaden abbauen. Es gibt kaum feste Vorgaben. Man kann dabei reine Schreibmethoden (↗ S. 19–44) und weiterführende Methoden (↗ S. 46–57) anwenden.

Einige Kreativitätstechniken im Überblick
Die folgenden Kreativitätstechniken und -methoden sind entweder für das kreative Schreiben entwickelt worden oder entstammen anderen kreativen Arbeitsfeldern. Sie entsprechen unterschiedlichen Anforderungsniveaus und Altersstufen.

1. **ABC-Liste und Wörterliste**
   Bei der ABC-Liste wird eine Liste mit Wörtern zu einem bestimmten Thema erstellt. Zu jedem Buchstaben des Alphabets soll ein Wort gefunden werden. Ein **Abecedarium** ist ein Gedicht, bei dem der erste Buchstabe jeder Strophe mit einem Buchstaben des Alphabets beginnt. Zu jedem Buchstaben des Alphabets soll ein Wort gefunden werden. Nützlich kann die Verwendung von Wörterbüchern sein. Freies Assoziieren bringt kreativere Ergebnisse.

Beispiele:

A ufbruch
B egeisterung
C hina
D urchfall
E rleben
usw. ...

Alte, **B**ärtige **C**hinesen,
Die **E**rstaunlich **F**it **G**ewesen,
Hörten **I**nnig **J**eden **K**lang,
Liefen **M**unter **N**ächtelang
Ohne **P**ause **Q**uerfeldein,
Richtung **S**üden, **T**ugendrein,
Um **V**or **W**onnemondvergehen
Xerxes' **Y**ogis **Z**uzusehen.

(Nehm, Günther: Verspektiven. Frankfurt/M.: Fischer, 2006, S. 67)

Schreiben Sie ABC-Listen zu bestimmten Themen. Versuchen Sie, Abecedarien zu entwickeln.

2. Abschreiben
- Es verlangsamt die Wahrnehmung eines Textes und kann so zu einer meditativen Übung werden.
- Der Abschreibende soll den Text nicht so schnell wie möglich übertragen, sondern sich dafür Zeit nehmen, z. B. in Schönschrift schreiben (↗ auch: Kalligrafie, S. 17).
- Es ist als Abwandlung ebenfalls ein deutliches Gliedern des Textes oder farbiges Ausgestalten möglich.

3. Aktualisierung (↗ S. 63)
Eine historische Erzählung wird unter den Bedingungen der Gegenwart neu erzählt = aktualisierende Neuerzählung.

4. Brief schreiben (↗ S. 71)
- Zu einem Thema wird eine kurze Postkarte oder ein Brief an eine echte oder fiktive Person geschrieben.
- Die Methode setzt Hürden herab, die oft zu Schreibhemmungen führen, und hilft, Gedankengänge exakt zu formulieren.

5. Collage
- Bei der Collage werden Dinge zusammengestellt. Das Verfahren lebt von Kontrasten. Als Methode ist die Collage von den **Dadaisten** eingesetzt worden.
- Eine künstlerische Collage kann Zeitungsausschnitte, Fotografien, Zeichnungen, Objekte enthalten, die auf einen festen Untergrund geklebt werden
- In der Literatur kann eine Collage so entstehen:
  - Textschnipsel anfertigen,
  - Textschnipsel auf ein Blatt werfen,
  - Textschnipsel festkleben (zufällige Anordnung).

Das Collageprinzip verwendete auch ALEXANDER KLUGE in seiner Darstellung der Schlacht um Stalingrad („Schlachtbeschreibung. Der organisatorische Aufbau eines Unglücks", 1978). Auch die aus Sachtexten und autobiografischen Texten montierten **Textcollagen** von WALTER KEMPOWSKI aus den 1990er-Jahren verwenden die Methode der Collage.

6. Haiku/Senryû
Haiku und Senryû sind ursprüngliche Formen der japanischen Lyrik, nach dem einfachen Schema der dreizeiligen Gedichte: 5 Silben (Moren) in der ersten, 7 Silben in der zweiten und 5 Silben in der dritten Zeile. Die **More** (Mora) ist eine Maßeinheit für das Silbengewicht in der Phonologie. Eine More entspricht einer offenen Silbe mit kurzem Vokal oder auch einem Kurzvokal mit höchstens einem nachfolgenden Konsonanten. Der Unterschied zwischen Haiku und Senryû besteht nicht in der Form, sondern im Inhalt: Haikus sind Naturgedichte, während im Senryû alle Themen behandelt werden können.

Recherchieren Sie im Internet nach Haiku-Seiten. Vergleichen Sie die dort dargestellten Beispiele und analysieren Sie diese. Schreiben Sie selbst Haikus/Senryûs.

7. Elfchen/Silben-Elfchen

Das Elfchen ist ein klassisches Schreibspiel. Es besteht aus elf Wörtern oder elf Silben, die sich auf fünf Zeilen verteilen.

Erste Zeile: **ein Wort**
Zweite Zeile: **zwei Wörter** (beziehen sich auf das Wort aus Zeile 1)
Dritte Zeile: **drei Wörter** (beziehen sich auf das Wort aus Zeile 1)
Vierte Zeile: **vier Wörter** (zum Thema, oder eigene Meinung)
Fünfte Zeile: **ein Wort** (Fazit)

1 Wort → **2** Wörter → **3** Wörter → **4** Wörter → **1** Wort

Beispiele			
1	Urlaub	Raupe	Sprache
2	rennen, toben	schminken, verändern	schreiben, lesen
3	Sand, Sonne, Wasser	Maske, Kostüm, Veränderung	Bücher, Schriftsteller, Künstler
4	Ich spiele im Meer	Ich verwandle mich	Ich tauche tief ein
1	traumhaft	Schmetterling	Kreativität

Finden Sie weitere Elfchen.

8. Handlungssequenzen

Die Handlungssequenzen einer Erzählung werden als Kette von Ereignissen dargestellt. Zu jedem Kettenglied wird eine alternative Handlungssequenz notiert. Dies kann mit der Methode „Fortsetzung verfassen“ (↗ S. 30) fortgesetzt werden.

9. Homonym-Geschichte

Teekesselchen, auch Homonyme, sind Vokabeln mit Mehrfachbedeutung. Beispiele sind: Läufer, Satz, Schlag, Bank, Schloss, Tau, Hahn, Mutter, Kiefer. Homofone dagegen werden zwar ungleich geschrieben, aber gleich ausgesprochen. Beispiele: Lerche – Lärche, Lehre – Leere, Chor – Corps, Seite – Saite, Leib – Laib, Weise – Waise. In **Homonym-Geschichten** werden solche Begriffe verwendet, zum Beispiel als erstes und letztes Wort der Geschichte. Dabei wird das Wort zuerst in der einen, dann in der anderen Bedeutungsform gebraucht.

10. Liste/Hitliste

Hitlisten enthalten Notizen, die in einer Hierarchie aufsteigend oder absteigend geordnet sind. Sie sind ein Mittel, Notizen zu einem Thema zu sammeln. Grafisch bearbeitete Listen sind „Wörterblume“ oder „Wörtersonne“ (↗ S. 18).

11. Kalligrafie

Kalligrafie ist ein Mittel zur handschriftlichen Gestaltung von Texten sowie eine Textinterpretation als Form schreibenden und grafischen Gestaltens.

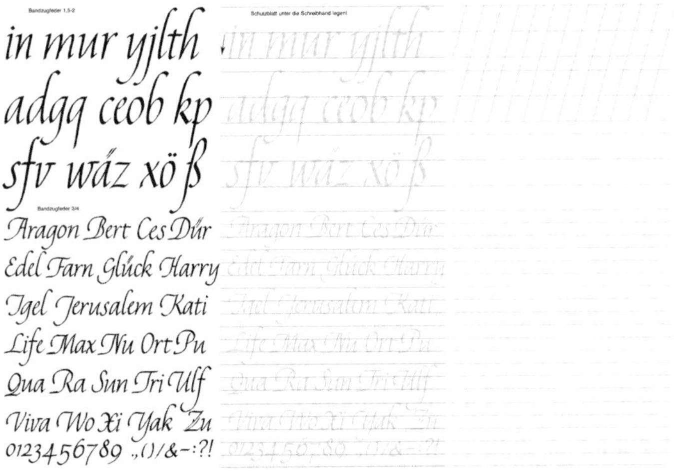

Kalligrafievorlage von Werner Winkler

12. Schrift-/Wort-/Buchstabenbilder

Dies ist eine einfache Methode, nur mit Worten und/oder Buchstaben ein Bild zu „malen“.

Das nebenstehende Gedicht von Catharina Regina von Greiffenberg gehört zu der Gruppe der Figurengedichte. Es entstand 1662.

Über den gekreutzigten
JESUS

Seht der könig könig hängen!
und uns all mitt blutt besprängen
auss der dörner wunden bronnen
ist All unsser heyl geronnen
seine augen schliest Er sacht!
und den Himmel uns aufmacht
Seht Er Streket Seine Hend auss uns freundlichst Zuentfangen!
Hatt an sein Liebheisses Herz uns zu drüken brünst verlangen!
Ja Er neigt sein liebstes haubt uns begihrlichest zu küssen
All Sein Sinn gebärd und werk seyn zu unser Heyl geflissen!
Seiner seitten offen stehen
Macht seyn güttig Herze sehen!
Wann Wir schauen mitt den Sinnen
Sehen Wir uns selbst darinnen!
So Viel striemen so Viel Wunden
Alss an seinen leib gefunden
So Viel Sieg und Segen kwellen
Wollt' er unser seel bestellen,
Zwischen Himel und der Erden
wollt' Er auf geopfert werden
Dass Er gott und uns verglihen
uns Zu sterken Er Verblihen
Ja sein sterben hatt das Leben
Mir und Aller Weltt gegeben!
Jesu' Christ dein Tod und schmerzen
Leb' und schweb' mir stett im Herzen!

13. Plot-/Flussdiagramm
In einem Plot- oder **Flussdiagramm** werden Handlungssequenzen einer Erzählung grafisch dargestellt (↗ Soziogramm, S. 68). Dadurch werden Zusammenhänge visualisiert.

14. Scrabble
Die Scrabbletechnik dient zur Hervorbringung semantischer Assoziationen. Es wird ein Stichwort in die Mitte des Blattes geschrieben und nach den Scrabbleregeln werden reihum assoziierte Wörter hinzugefügt.

15. Standbild/Pantomime
Pantomime nennt man die bewegte Darstellung von Begriffen, Ereignissen oder Dingen ohne Worte mittels Körpersprache. Zu einer vorgegebenen Geschichte gestalten ein oder mehrere Schüler ein Standbild. Ein „Regisseur", der mit der Gruppe plant und sie anleitet, ist nützlich.

16. Tanka
Das Tanka ist eine reimlose japanische Gedichtform. Sie ist älter als das Haiku, das sich aus dem Tanka entwickelte. Das Tanka wird oft in der Form: 5 - 7 - 5 - 7 - 7 Moren je Zeile gebildet. Dabei ist eine Gliederung in zwei Teile üblich. Teil 1: 5 - 7 - 5, der sogenannte „Oberstollen", und Teil 2: 7 - 7, der Anschluss- oder Unterstollen.

Beispiel:

Durchs Fachwerkgerüst
malt das Licht auf meine Haut
ein Schattenraster.
Als Kerkerfenstergitter
scheint es auf meine Seele.

(Bernard Ostersiek, www.zumgedicht.de/haiku.ostersiek.htm, 02. 06. 2006)

17. Textpuzzle
Ein Text wird Wort für Wort, satz- oder versweise zerschnitten und anschließend wieder (neu) zusammengesetzt.

18. Wörterblume/Wörtersonne

- Die **Wörtersonne** beginnt wie eine Mindmap (↗ S. 48) :
  - Ein Stichwort wird gesucht (oder vorgegeben).
  - Es wird in die Mitte geschrieben und umkreist.
  - Von diesem Kreis werden Strahlen nach außen gezeichnet.
  - Auf jeden Strahl wird jeweils ein neues Wort (ein Einfall) notiert.

- Die **Wörterblume** beginnt wie ein Cluster (↗ S. 21):
  - Ein Stichwort wird gesucht (oder vorgegeben).
  - Es wird in die Mitte geschrieben und umkreist.
  - An diesen Kreis werden Blütenblätter angefügt.
  - In jedes der Blütenblätter wird jeweils ein neues Wort (ein Einfall) notiert.

3.2 Reine Schreibmethoden

Assoziieren, freie Assoziation/automatisches Schreiben

Die thematische (semantische) und die freie Assoziation

Die **freie Assoziation** ist ursprünglich eine psychoanalytische Methode nach Sigmund Freud gewesen. Der Patient sollte seinen Assoziationen (spontanen Einfällen) völlig freien Lauf lassen und dabei seine Äußerungen nicht zensieren, auch wenn sie unpassend, unangenehm, sittenwidrig, unsinnig oder unwichtig erschienen.
Die Methode des freien Assoziierens wurde danach auch in nicht psychoanalytischen Zusammenhängen angewendet, z. B. beim Brainstorming, in Interviews als „offene Frage“ oder als Grundlage für Schreibprozesse.

Das **„Assoziogramm“** ist eine von Gabriele Rico (↗Clustering S. 21) entwickelte Methode des assoziativen Denkens.

Semantische/thematische Assoziation	Freie Assoziation
Begriffe werden mündlich oder schriftlich gesammelt. Methoden hierfür sind u. a.: – Cluster, – Mindmap, – Brainstorming.	Auch: „stream-of-consciousness“-Methode: – direkte Personenrede mit syntaktischer Unabhängigkeit, – Präsens als Normaltempus, – Indikativ als Normalmodus, – Ich-Perspektive.
– bleibt in der Regel innerhalb eines Begriffsfeldes – bringt oft nur bereits vorhandenes Wissen hervor oder sortiert dieses neu	– verlangt einige Übung – aktive und bewusste Denkprozesse müssen vermieden werden

Schrittfolge zum Vorgehen beim freien Assoziieren

Schritt 1	Schritt 2	Schritt 3
Erleben →	**Notieren** →	**Reflektieren**
Empfinden Dauer: ca. 1–2 min	Berichten Dauer: ca. 2–3 min	Widerspiegeln Dauer: bis 5 min

Automatisches Schreiben

Das automatische Schreiben, auch „écriture automatique“ oder „Grapholallie“, ist eng mit dem freien Assoziieren verwandt. Es bezeichnet eine Schreibmethode, bei welcher Gefühle, Bilder und Begriffe durch Rückzug oder Introspektion in die Psyche, auch in das Unterbewusste, wiedergegeben werden.

Die französischen Surrealisten entwickelten das automatische Schreiben zu einer künstlerischen Technik weiter. Sie nutzten so die spontanen Einfälle als Mittel zur Inspiration. Durch den (unterbewussten) Schreibfluss kommt der Schreibende auf neue Ideen und Assoziationen. Die Methode wird auch verwendet, um den Schreibstart zu erleichtern oder um Schreibblockaden abzubauen.
Das erste Werk der Écriture automatique war „Les Champs magnétiques" (1919, Die magnetischen Felder) von ANDRÉ BRETON und PHILIPPE SOUPAULT. Weitere Werke von ANDRÉ BRETON sind: „Poisson soluble" (1924, Löslicher Fisch), „Tournesol" (1923, ein Gedicht), „Le revolver a cheveux blancs" (1932, Der weißhaarige Revolver), „Nadja" (1928, Roman). Auch JACK KEROUAC verwendete die Technik in „Unterwegs" (1957), „Gammler", „Zen und hohe Berge" (1958).

Regeln beim automatischen Schreiben:
- Es darf alles, was einem einfällt, geschrieben werden: einzelne Wörter, Wortketten, Buchstaben, Sätze, Teilsätze ...
- Fehler, Schreibfehler sind erlaubt.
- Die Regeln von Orthografie, Grammatik oder Interpunktion sind belanglos.

Das Vorgehen beim automatischen Schreiben:
- In einer bestimmten Zeit muss man ununterbrochen schreiben.
- Stoppt der Schreibfluss, wird das letzte Wort so oft wiederholt, bis es mit neuen Wörtern weitergeht.

Versuchen Sie sich selbst in automatischem Schreiben und erkunden Sie den Nutzen der Technik.

Brainwriting

Brainwriting – die Methode

Brainwriting ist eine Kreativitätstechnik, die in der Gruppe angewendet wird. Es gelten ähnliche Regeln wie beim Brainstorming. Der Unterschied liegt hauptsächlich darin, dass während der Ideenfindungsphase nicht diskutiert wird, sondern jeder einzelne Teilnehmer seine Ideen allein und schriftlich ausarbeitet.

1. *Beschreiben Sie den Ablauf des Brainwritingprozesses in einem Schema. Stellen Sie Vor- und Nachteile der Methode tabellarisch gegenüber.*
2. *Recherchieren Sie die genannten verwandten/angegliederten Methoden des Brainwritings und erläutern Sie diese in Kurzform:*
   a) *Brainwriting-Pool*
   b) *Collective-Notebook*
   c) *Discussion 66*
   d) *Galeriemethode*
   e) *Metaplan-Technik*
   f) *Methode 635*
   g) *Methode 415*

Clusterbildung, Clustering

„Cluster" kommt aus dem Englischen und bedeutet im übertragenen Sinne: Büschel, Traube, Gruppe, Anhäufung. Das Clustering (Clustern) gehört zu den wirkungsvollsten Methoden, einen Text zum Fließen zu bringen. Das Clustering ist eng verknüpft mit der Methode des „Freewritings".

Nutzen des Clusterings bei Schreibprozessen
Clustering fördert die **Interaktion von linker und rechter Gehirnhälfte** (↗ S. 12) und damit die Kreativität. Die visualisierte Schreibform beim Clustering ermöglicht dem Gehirn die Verknüpfung von linker und rechter Gehirnhälfte.
Während beim Rechtshänder die linke Hirnhälfte für das logische Denken zuständig ist, ist die rechte Hirnhälfte für die Emotionen zuständig.
Rechts entstehen Wortbilder, der Rhythmus von Sprache, Metaphern und der emotionale Zugang zum Thema. Um einen Text aufzuschreiben, brauchen wir auch die linke Hälfte unseres Gehirns, denn hier werden Wörter nach grammatikalischen Regeln verknüpft, entstehen sinnvolle Satzgebilde und Texte.
Clustering nützt **beim Auftreten von Schreibblockaden.** Diese treten oft dann auf, wenn Möglichkeiten der Umsetzung in Schriftsprache an der Fülle der Gedanken oder ihrer scheinbaren „Unausdrückbarkeit" scheitern. Mithilfe des Clusterings bekommt das Gehirn die Möglichkeit, visuelle Brücken zu bauen. Dem Autor wird so eine spielerische Möglichkeit gegeben, die Angst zu lösen. Clustering baut unterbewusste Blockaden ab, weil es Unsichtbares sichtbar macht. Dieser Prozess löst einen Heilprozess aus, der auch aus dem Bereich der „heilenden Poesie" bekannt ist.

Schrittfolge des Vorgehens beim Clustern:
1. Man nimmt ein leeres Blatt, legt es quer vor sich hin.
2. Man schreibt in das Zentrum den Schlüsselbegriff. Das Schlüsselwort entsteht aus dem ersten Gedanken zum Thema. Der erste Gedanke ist fast immer der beste Gedanke.
3. Man zeichnet um diesen Schlüsselbegriff eine Ellipse.
4. Nun beginnt **der Schreibprozess:**
   - Der Cluster entsteht durch **freie Assoziation:**
     Alles was der Autorin oder dem Autor jetzt **spontan** einfällt, gruppiert sie oder er um den Schlüsselbegriff herum: Begriffe, Metaphern, Zitate, Informationen, Gefühle, Erkenntnisse, Farben, Gerüche, Wörter, Sätze, Bilder, Gedanken.
   - Die Begriffe und Zeichnungen werden mit einer weiteren Ellipse umrahmt.
   - Die Ellipsen werden mit dem Schlüsselbegriff und evtl. auch untereinander durch eine Linie verbunden.

Der entstandene Cluster ist nun die Idee für die Story, ein „visualisiertes Formengebilde". Mögliche Fortsetzung: Ein Clusterbegriff wird wiederum in das Zentrum eines weißen Blattes gesetzt, er ist das neue Schlüsselwort. So entsteht ein neuer Cluster.
Zum Schreiben von Kurzgeschichten lässt man sich nun von den Clusterbegriffen leiten.

Beispiel eines Clusters zum Begriff „Das weiße Blatt"

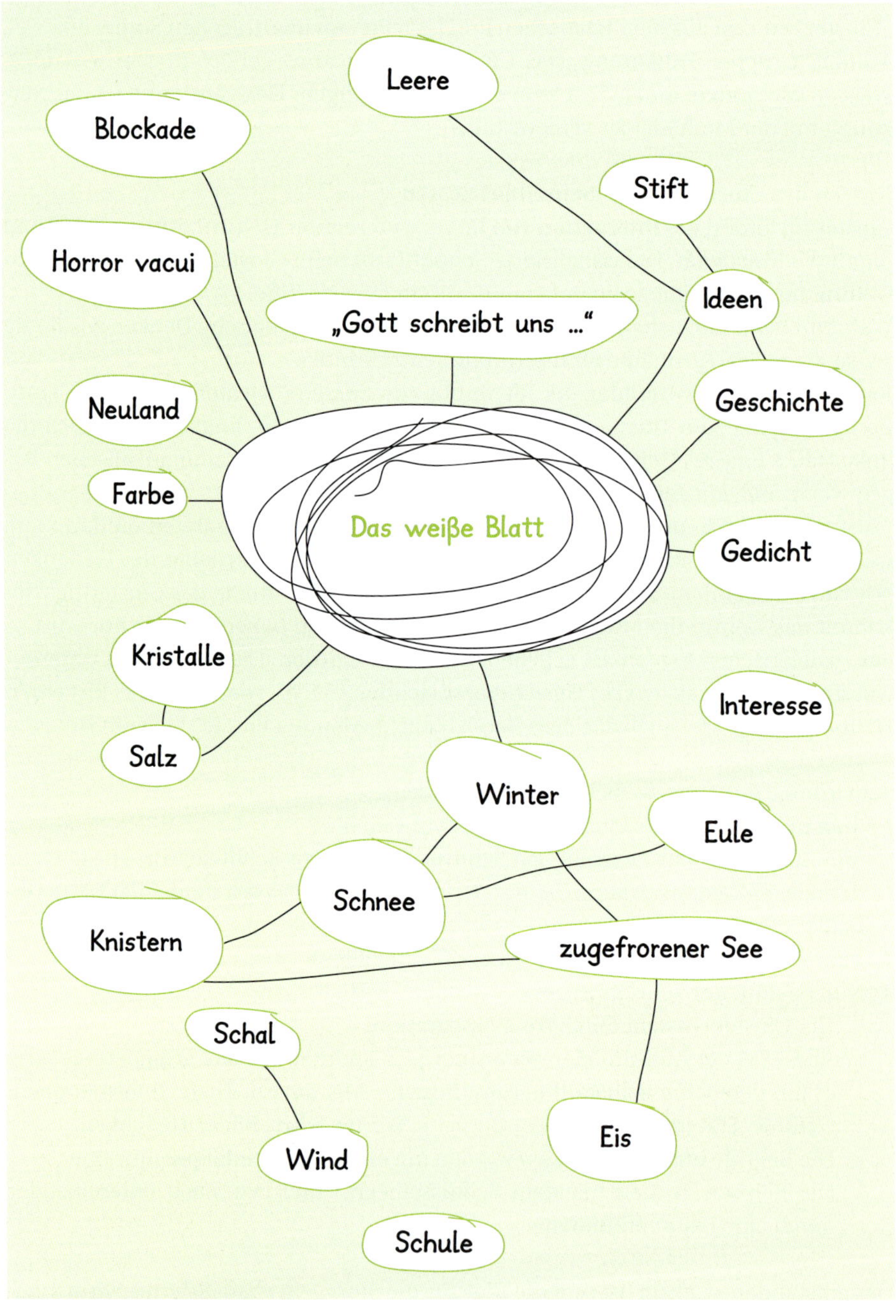

1. *Erstellen Sie Cluster zu anderen Themen. Vergleichen Sie die Cluster verschiedener Menschen zu einem Thema.*
2. *Entwickeln Sie aus einem Cluster eine Kurzgeschichte (↗ Seite 50).*

Essay

Der Essay – eine Begriffsdefinition

Die Frage, welche Merkmale einen Essay auszeichnen, ist umstritten. Als sicher gilt, dass Essays zwischen wissenschaftlicher Abhandlung und journalistischem Feuilleton angesiedelt sind. Auch im amerikanischen Bildungssystem, in dem schriftliche Arbeiten von Studenten oft in Essayform gefordert werden, gibt es keine einheitliche Vorstellung der Charakteristika. Das amerikanische Bildungssystem spricht dem Essay eine ähnlich tragende Rolle zu wie Deutschland dem Aufsatz. Der Essay ist jedoch kein wissenschaftlicher Aufsatz, sondern spielerischer als ein normierter Aufsatz.
Nach der Definition im Duden ist ein **Essay** eine Abhandlung, die eine literarische oder wissenschaftliche Frage in knapper und anspruchsvoller Form behandelt. Einen Essay zu verfassen, meint also „wissenschaftliches Schreiben" und beinhaltet eine kritische Auseinandersetzung mit einem Thema. Ausgangspunkt für einen kritischen Essay ist ein Problem, eine Frage oder eine These, die (auch subjektiv) diskutiert wird. Ein Essay ist demnach eine **literarische Abhandlung** in allgemein verständlicher Form. Im Unterschied zum wissenschaftlichen Aufsatz und zur Facharbeit ist ein Essay kürzer, freier und darf auch subjektiv gefärbt sein. Im amerikanischen Raum haben sich für Essays eher breite Fragestellungen eingebürgert.

Essays und Essayisten

Der Essay geht auf den Autor MICHEL EYQUEM DE MONTAIGNE, einen französischen Politiker und Philosophen, zurück. Sein Hauptwerk, die „Essais" („Les Essais de messire Michel, seigneur de Montaigne", 1580 erster und zweiter Band, 1588 dritter Band), begründete die literarische Kunstform des Essays. MONTAIGNE versah die Sammlung von Weisheiten und Aphorismen der „Adagia" von ERASMUS VON ROTTERDAM mit kritischen Anmerkungen und persönlichen Kommentaren und trat dabei als Fragesteller auf. Nicht immer fand und gab er auch Antworten.
MONTAIGNES Nachfolger, FRANCIS BACON (BARON BACO VON VERULAM), ein englischer Philosoph und Staatsmann, erweiterte die Gattung zu einer belehrenden und moralisierenden Form mit deduktiver Beweisführung.

Michel Eyquem de Montaigne

Francis Bacon

Formen von Essays

1. Argumentativer Essay
   - Es wird ein kontroverses Thema behandelt. Die verschiedenen Standpunkte werden dargelegt, die eigene Meinung im Essay durch Argumente untermauert. Der Leser wird lediglich mit Argumenten ausgerüstet, die letztliche Entscheidungsfindung bleibt bei ihm.
2. Beschreibender Essay
   - Das Ziel des beschreibenden Essays ist es, ein anschauliches Bild zu geben: ein Bild einer Person, eines Gegenstandes, eines Ortes, einer Diskussion oder eines Ereignisses. Es gibt dem Leser durch ausdrucksvolle Details die Möglichkeit, sich das im Essay geschilderte Objekt vorzustellen.
3. Erzählender Essay
   - Eine Kette von Ereignissen wird aus einem persönlichen Blickwinkel betrachtet. Der Erzähler erklärt hier seinen eigenen Standpunkt und versucht, ihn dem Leser plausibel zu machen.
     Erzählende Essays werden oft in der ersten Person und in der Gegenwart geschrieben. Man folgt dem erzählenden Protagonisten.
4. Imitierender Essay
   - Ein bereits bestehender Essay wird hierfür verwendet. Der Autor entnimmt Hauptthese und Argumente und nutzt seinen eigenen Stil, um das Ganze neu zu formulieren, zu imitieren.
5. Überzeugender Essay
   - Der Autor versucht, den Leser dieses Essays durch Hintergrundinformationen, Fakten und Details von seiner eigenen Meinung zu überzeugen.
6. Vergleichender Essay/gegensätzlicher Essay
   - Zwei oder mehr Fakten, Probleme, Fragen oder Thesen werden einander gegenübergestellt und so miteinander verglichen. Oft werden unerwartete Unterschiede oder Ähnlichkeiten aufgedeckt.

Das Schreiben eines Essays

Das Schreiben von Essays soll eine kritische Beurteilung und die Abwägung wissenschaftlicher Fakten oder Meinungen fördern. Es wird jedoch kein Anspruch auf vollständige Darstellung aller Details erhoben – wichtiger ist die Darstellung der Fakten, Probleme, Fragen oder Thesen im Gesamtzusammenhang. Der Autor muss daher von Beginn an zwischen Wichtigem und Unwichtigem unterscheiden, hat jedoch die Möglichkeit, die wissenschaftlichen Erkenntnisse mit subjektiven Eindrücken zu verknüpfen. Im Mittelpunkt des Essays steht immer die wissenschaftliche Argumentation, die Ausgangspunkt für Ergänzungen und Überlegungen ist.

Aufbau eines Essays

Der Essay sollte eine Gliederung haben, die aus Einleitung, Hauptteil und Schluss besteht, jedoch im Text nicht explizit ausgewiesen werden muss. Absätze können für das Leseverständnis hilfreich sein.
In der *Einleitung* werden zuerst der Ausgangspunkt, die Problemstellung und die Relevanz der Fragestellung erläutert. Es folgt die Ankündigung der eigenen Position.

Im *Hauptteil* beginnt die Argumentation des Schreibenden. Sie besteht aus der Darstellung von wesentlichen Kernaussagen zur Fragestellung. Diese Kernaussagen können nun im Folgenden analysiert oder widerlegt werden. Im Vordergrund sollte hierbei die Erläuterung der eigenen Position mit Argumenten und Beispielen stehen. Im *Schlussteil* wird die zentrale Argumentation noch einmal kurz zusammengefasst und, wenn möglich, ein Fazit gezogen. Es können persönliche Wertungen enthalten sein.

Das ideale Vorgehen beim Schreiben eines Essays (Vorbereitung)
Sinn eines Essays ist es, einen publizierbaren Text zu verfassen. Das ist ein Text, der in einer Zeitschrift erscheinen könnte. Einen Essay zu schreiben, ist wissenschaftliches Schreiben, eine kritische Auseinandersetzung in einem präzisen, knappen Text.

1. Einen **Titel** finden:
   Ein guter Titel ist ein guter Einstieg. Er sollte knapp und prägnant sein, aber auch neugierig machen. Günstig ist es, den Titel erst am Ende festzulegen, es sei denn, man hat sofort eine zündende Idee.
2. **Rahmen** des Essays:
   Der Rahmen ist Beginn und Ende des Essays. Zu Beginn kann man sinnbildlich mit der Tür ins Haus fallen und versuchen, in wenigen Sätzen zugespitzt darzustellen, worum es geht.
3. Die **argumentative Strategie** im Essay:
   Es gibt viele Möglichkeiten, seine Argumente vorzutragen. Im Vorfeld sollten: Argumente für und wider gelistet werden, Argumente markiert werden, die den Verfasser selbst überzeugen, Widersprüche, aber auch Stärken anderer Argumente aufgedeckt werden. Zur Stützung der Argumente kann man auf verschiedene Quellen zurückgreifen:
   - Statistiken, Daten, Fakten,
   - wissenschaftliche Theorien und Meinungen,
   - Wissenschaftler,
   - Wertvorstellungen sozialer, wissenschaftlicher oder menschlicher Natur.

Es gilt außerdem festzulegen, in welcher Reihenfolge die Argumente genannt und bearbeitet werden sollen und ob eine andere Perspektive als die eigene eingesetzt werden kann. Die Argumentation im Essay ist gradlinig; die Hauptlinie - der rote Faden - darf nicht verloren gehen. Obwohl man angesichts des begrenzten Umfangs zwischen Wichtigem und Unwichtigem unterscheiden soll, muss nicht auf Details verzichtet werden. Nun legt man die eigene Strategie fest. Diese kann entweder darin bestehen

- die eigene Position zu bestärken, indem man die Gegenargumente widerlegt/entkräftet, oder
- die Pro-Argumente zu stärken, indem man sie klarer darstellt oder von Ballast/Widersprüchen befreit.

Quellenangabe:
Innerhalb des Essays, im Text, werden keine Quellenverweise und keine wissenschaftlichen Belege angegeben. Trotzdem müssen eigener und fremder Text klar unter-

scheidbar sein. Wenn zitiert wird, kann die Quelle als Aussage im Text genannt werden („Wie bei xy zu lesen ist …“, „Bei dem Argument von xy …“, „Hierzu meinte xy …“). Fußnoten sollten vermieden werden. Erklärungen oder Details, die nicht in den Essay integriert werden können, sind für die Argumentation nicht notwendig und somit verzichtbar. Am Schluss des Essays sollte ein Literaturverzeichnis angefügt werden.

Das ideale Vorgehen beim Schreiben eines Essays (Schreibprozess)

1. **Der Entwurf**
   Für ungeübte Essayisten empfiehlt es sich, zuerst in Stichpunkten eine Strategie der Abfolge der Argumente festzulegen.
   Höhepunkte der Argumentation sollten gut gewählt und festgelegt werden.
2. **Schreiben des Essays**
   Auch ein Essay sollte eine Gliederung besitzen, die aus Einleitung, Hauptteil und Schluss besteht. Diese muss nicht formal ausgewiesen werden. Absätze und Leerzeilen können hilfreich sein. Die **Einleitung** soll neugierig machen. Der **Hauptteil** enthält Thesen, Beispiele und Argumente. Im **Schlussteil** wird noch einmal zusammengefasst, ohne jedoch die Formulierungen des Hauptteils zu wiederholen. Er soll Wertungen enthalten, kann aber auch auf neue Fragen hinweisen.
3. **Ruhepause**
   Um Abstand zum eigenen Text zu finden, sollte nunmehr der Essay einige Zeit liegen gelassen werden, mindestens ein paar Tage. So bekommt der Autor Abstand zum eigenen Text.
4. **Nachbearbeitung**
   Lesen Sie nun den Text komplett. Stellen Sie sich dabei die Frage, ob Sie Ihrer Argumentation folgen können. Sind alle Passagen verständlich? Wenn nicht – überarbeiten Sie diese. Versuchen Sie, überflüssige Füllwörter – Füllwörter sind sinnleere Floskeln – und Nebensätze zu streichen. Vermeiden Sie Wiederholungen, es sei denn, diese dienen als Stilelement. Versuchen Sie, im Essay immer pointierte/polemische Formulierungen statt ausufernder Satzungetüme zu verwenden.
5. **Der erste Kritiker**
   Lassen Sie den Essay nun von einem „Kritiker“ lesen. Dies sollte nicht unbedingt ein naher Freund/Verwandter sein. Nehmen Sie die Kritikpunkte an, versuchen Sie, offensiv damit umzugehen, sehen Sie den Nutzen der Bewertung für den Essay.
6. **Prüfen/Verbessern des Essays**
   Aus der Rohfassung wird die Schlussfassung. Beachten Sie die Kritikpunkte aus 4.)

Hinweise und Tipps:

- Der Essay darf **subjektive Elemente** enthalten. Es reicht allerdings nicht, nur die eigene Meinung zu postulieren. Der subjektive Standpunkt muss begründet bzw. plausibel gemacht werden. Beziehen Sie persönlich Position, stellen Sie dabei deutlich Ihre eigene Meinung dar: Ich meine …, nach meiner Beurteilung …
- Die **Sprache** sollte nicht akademisch theoretisch sein. Allgemeinverständlichkeit ist ein Kennzeichen eines Essays.
- **Rhetorische Figuren** sind erlaubt und machen den Essay lebendiger, sollten aber nicht im Übermaß eingesetzt werden.

- Ein Essay muss nicht unbedingt selbst Kunstwerk sein. Argumentation kommt vor sprachlicher Eleganz. Die Kombination von beidem ist wünschenswert.
- Vermeiden Sie es, Wissen auszubreiten, das sich nicht auf das Thema bezieht.

Was man vermeiden sollte:
- Nominalstil und Passivkonstruktionen: Verben sind lebendiger, aussagekräftiger,
- lange Sätze und Schachtelsätze mit Relativ- oder Partizipkonstruktionen,
- Füllwörter und Allgemeinplätze,
- Satzstrukturzeichen können verwendet werden, allerdings sparsam, Argumente und Erklärungen in Klammern sind nicht nützlich,
- Substantivierungen,
- überladene Passivkonstruktionen,
- zu viele englische oder lateinische Fachtermini.

Ein Auszug aus **Amnesie in litteris** von Patrick Süskind

Wie war die Frage? Achsoja: Welches Buch mich beeindruckt, geprägt, gestempelt, gebeutelt, gar ‚auf ein Gleis' gesetzt oder ‚aus der Bahn geworfen' hätte […].

Wie verhält es sich also mit jenen Büchern, von denen ich sagen könnte, ihre Lektüre habe mein Leben verändert? Um dieses Problem zu erhellen, trete ich (es ist nur wenige Tage her) an mein Bücherregal und lasse den Blick auf den Bücherrücken entlangwandern. Wie immer bei solchen Gelegenheiten – wenn nämlich von einer Spezies allzu viele Exemplare auf einem Fleck versammelt sind und sich das Auge in der Masse verliert – wird mir zunächst schwindlig, und um dem Schwindel Einhalt zu gebieten, greife ich aufs Geratewohl in die Masse hinein, picke mir ein einzelnes Buch heraus, wende mich damit ab wie mit einer Beute, schlage es auf, blättere darin und lese mich fest. Bald merke ich, daß ich einen guten Griff getan habe, einen sehr guten sogar. Das ist ein Text von geschliffener Prosa und klarster Gedankenführung, gespickt mit interessanten, nie gekannten Informationen und voll der wunderbarsten Überraschungen […].

Gelegentliche Unterstreichungen im Text oder mit Bleistift an den Rand hineingekritzelte Ausrufezeichen – Spuren eines lesenden Vorgängers, die ich in Büchern ansonsten nicht eben schätze – stören mich in diesem Fall nicht […].

Und automatisch fast greift meine Hand zum Bleistift, und „du mußt dir das anstreichen", denke ich, „ein ‚Sehr gut" wirst du an den Rand schreiben und ein dickes Rufzeichen dahintersetzen und mit ein paar Stichworten die Gedankenflut notieren, die die Passage in dir ausgelöst hat, deinem Gedächtnis zur Stütze und als dokumentierte Reverenz an den Autor, der dich so großartig erleuchtet hat!" Aber ach! Als ich den Bleistift auf die Seite niedersenke, um mein „Sehr gut!" hinzukritzeln, da steht dort schon ein „Sehr gut!", und auch das stichworthafte Resümee, das ich notieren will, hat mein lesender Vorgänger bereits verzeichnet, und er hat es in einer Handschrift getan, die mir wohlvertraut ist, nämlich in meiner eigenen, denn der Vorgänger war niemand anders als ich selbst. Ich hatte das Buch längst gelesen. Da faßt mich ein namenloser Jammer an. Die alte Krankheit hat mich wieder: Amnesie in litteris, der vollständige literarische Gedächtnisschwund.

(Süskind, Patrick: Drei Geschichten und eine Betrachtung. Zürich: Diogenes, 1998, S. 111–119.)

Filmkritik und Assoziogramm

Die Erstellung einer **Filmkritik** sollte bestimmten Regeln folgen, die im Vorfeld geklärt sein müssen. Schrittfolge zum Erstellen einer Filmkritik:

Vorbereitung	Film ansehen	Auswertung
Vorbereitung/Einstieg durch schriftliche Vorgaben: – Kurze schriftliche Zusammenfassungen geben den Inhalt des Films wertfrei wieder oder – geschriebene Dialoge der Hauptpersonen werden zur Verfügung gestellt. – Vermutungen über Alter, Aussehen, Lebensweise der Personen werden geäußert. **Vorbereitung/Einstieg über das Assoziogramm** (s. u.): – Ein Stichwort (auch mehrere) aus dem Film wird vorgegeben. – Gemeinsam oder einzeln werden Assoziogramme erstellt. **Vorbereitung/Einstieg über Bilder/Videosequenzen** – Abbildungen oder kurze Videosequenzen (möglichst von Anfang und Ende) werden gezeigt. – Die Abbildungen können in eine Reihenfolge gebracht werden. – Vermutungen über den Inhalt werden schriftlich/mündlich geäußert. **Vorbereitung/Einstieg über Musik oder Sprache:** – Es wird nur die Musik aus dem Film vorgespielt. – Es werden Überlegungen zu Handlungszeit, Personen, Handlung, Stimmung angestellt.	**Wiederholung** – Der Film oder eine Filmsequenz werden mehrmals wiederholt. – Möglichkeit zur vertieften Wahrnehmung **Film oder Filmsequenz ohne Ton** – Informationen werden nur über das Sehen aufgenommen. – Vermutungen über die Beziehungen der Personen werden geäußert/notiert. – Handlung und wichtige Abläufe werden notiert und anschließend verglichen. **Film oder Filmsequenz ohne Bild** – Nur der Ton wird abgespielt. – Vermutungen zum Film werden notiert und – anschließend wird die Sequenz mit Ton gezeigt. **Arbeit mit Standbild** ermöglicht, die Wahrnehmung zu vertiefen und das Bild zu deuten. **Funktion der Kamera** *Supertotale* Menschen verschwindend klein *Totale* Person oder Gruppe vollständig zu sehen, Mensch noch relativ unwichtig *Halbtotale/Halbnahe* Kamera konzentriert sich auf Personen oder Objekte, Zuschauer wird auf Distanz gehalten. *Nahaufnahme* Objekte oder handelnde Personen im Mittelpunkt (Kopf und Brust zu sehen) *Großaufnahme* Kamera zeigt nur Gesicht, Mimik deutlich zu sehen, Zuschauer wird emotional angesprochen. *Detailaufnahme* Ausschnitt oder Details der Szene	**Filmfortsetzung schreiben** – Die Fortsetzung wird geschrieben, ohne das Ende des Films zu kennen. – Die Fortsetzung wird in Kenntnis des Endes verfasst. – Aufgabe: kreatives Schreiben anhand von Hypothesen **Fragebogen zu Personen ausfüllen** Der Verfasser versetzt sich in die Hauptperson(en) und beantwortet Fragen eines vorgegebenen Fragebogens. Der Fragebogen muss im Vorfeld erstellt werden. **Eine Filmkritik verfassen** – Die Filmkritik ist eine Bewertung nach künstlerischen, ästhetischen, technischen, ökonomischen oder politischen Gesichtspunkten. – In der Filmkritik soll eine (subjektive) Bewertung vorgenommen werden. – Bewertung der Hauptpersonen – Bewertung der Handlung – Die Kritik selbst sollte objektiv und übersichtlich gestaltet sein und dabei einzig und allein das Werk betreffen. – Sarkasmus und Polemik sind in einer Kritik fehl am Platz, durch sie verliert die Kritik an Aussagekraft und der Kritiker an Respekt.

Filme können auch mithilfe von **Assoziogrammen** charakterisiert werden. Zu einem Bild/Schlüsselwort assoziiert man frei, was einem dazu einfällt, und gruppiert die Assoziationen um das Element herum (↗ Clustering, S. 21). Ein zentraler Begriff, das Bild/Schlüsselwort, wird durch die Darstellung visuell mit anderen verknüpft. Die Form der Assoziogramme kann unterschiedlich sein.

a) Lineare Form

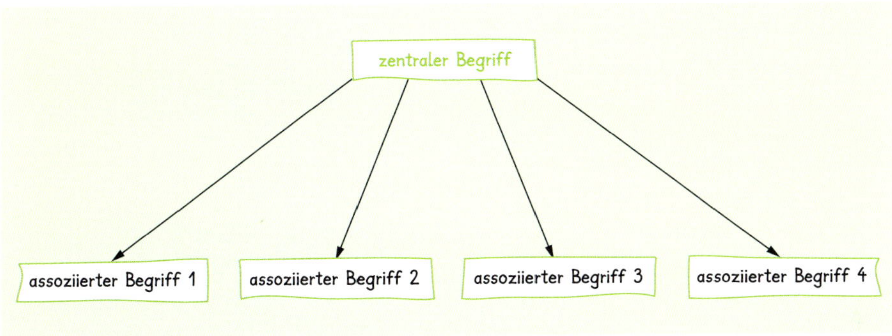

b) Sonnenform

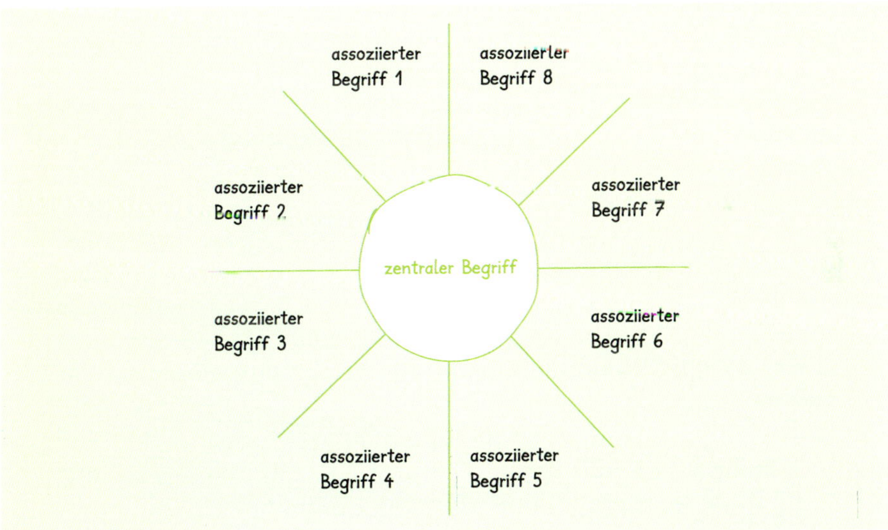

c) Clusterform (↗S. 21 f.)

1. *Erläutern Sie die Formen des Sehens: a) intensives, b) selektives, c) globales Sehen.*
2. *Listen Sie Möglichkeiten auf, einen Film zu bewerten, und erläutern Sie diese.*
3. *Recherchieren Sie Empfehlungen für das Verfassen einer Filmkritik im Internet.*
4. *Vergleichen Sie Filmkritiken in verschiedenen Portalen (Filmzeitungen, Fernsehzeitungen, Internetportale) miteinander. Geeignet sind z. B.: www.angelaufen.de oder www.moviepilot.de/users/critics.*

Fortsetzungen verfassen/Geschichte mit mehreren möglichen Enden schreiben

Eine Fortsetzung schreiben

Die Methode steht am Ende einer Texterarbeitung. Zu einer Ursprungsgeschichte wird ein „Teil 2“ verfasst – analog der Fortsetzung einer Serie, z. B. Fernsehserie. Geeignet für Fortsetzungen sind besonders in sich abgeschlossene Kurzgeschichten, die short story. Autoren, die solche Kurzgeschichten geschrieben haben, sind z. B.:

- Edgar Allen Poe,
- Ernest Hemingway,
- William Faulkner,
- Henry Slesar,
- Wolfgang Borchert,
- Heinrich Böll,
- Siegfried Lenz,
- Alfred Andersch,
- Heinz Piontek.

Dabei kann man sich Fragen stellen und diese in der Fortsetzung beantworten:

1. Was geschieht mit den Hauptfiguren nach dem Ende der Ursprungsgeschichte?
2. Was erleben die Hauptfiguren?
3. Wie laufen bestimmte Handlungsstränge weiter?

Als Einstieg in das Thema eignet sich z. B. Kurt Tucholskys Gedicht „Danach“.

1. *Schreiben Sie Fortsetzungen zu Geschichten. Vergleichen Sie Ihre Versionen miteinander. Beachten Sie, dass es realistische und fiktionale Fortsetzungen gibt.*

Eine vorgegebene Geschichte zu Ende schreiben

Eine zweite Möglichkeit, Geschichten kreativ weiterzuentwickeln, ist es, das Ende nicht zu lesen und stattdessen selbst ein mögliches Ende zu verfassen. Dies kann dann mit dem Original-Ende verglichen werden. Das Schreiben eines Endes bedarf einiger Übung. Sie sollten versuchen, dem Stil des Autors dabei nahezukommen/diesen nachzuempfinden. Alternativ kann das Ende vorgegeben werden. Ein Anfang soll dazu verfasst werden.

„Klassische deutsche Kurzgeschichten“
(Hrsg. Bellmann, Werner. Reclam, Stuttgart 2003, 33 Geschichten von 1945 bis 1965)

„Deutsche Kurzprosa der Gegenwart“
(Hrsg. von Werner Bellmann und Christine Hummel, Reclam, Stuttgart 2005, 30 Geschichten von 1965 bis 2004)

„Erzählte Zeit. 50 Kurzgeschichten“
(Hrsg. Durzak, Manfred. Reclam, Stuttgart 1980)

2. *Lesen Sie die vorgegebene Geschichte (ohne Ende). Verfassen Sie einen eigenen Schluss.*
3. *Vergleichen Sie Ihre Version mit der des Originals und der anderer Schüler.*

Eine Geschichte mit mehreren möglichen Enden schreiben
Tagtäglich lassen sich in Zeitungen Meldungen finden, die Konfliktsituationen beinhalten. Diese Texte oder Schlagzeilen können gesammelt werden und als Schreibanlässe für eigene Geschichten dienen. Als Voraussetzung für eine Geschichte mit mehreren möglichen Enden wird eine Konfliktsituation geschildert/beschrieben: Wer hat mit wem einen Konflikt? Worin besteht der Konflikt?
Konfliktsituationen können auftreten: innerseelisch, d. h. bei einer Person, zwischenmenschlich, zwischen mindestens zwei Personen, zwischen Gruppen, zwischen Staaten.

4. *Verfassen Sie eine Geschichte zur vorliegenden Konfliktsituation. Alternativ: Geben Sie die begonnene Geschichte an einen Mitschüler weiter, sodass dieser das Ende verfasst.*
5. *Ersinnen Sie zu einer Konfliktsituation mehrere alternierende Enden. So kann auch ein Buch mit vielen Enden entstehen.*

Das klassische Beispiel für einen „Fortsetzungswettstreit“ ist der (angebliche) **Dichterwettstreit zwischen Hesiod und Homer.**

Hesiod reiste zu „Leichenspielen“ an, die zu Ehren Amphidamas, eines verstorbenen, chalkidischen Adligen, veranstaltet wurden, so berichtet er selbst und so berichtete auch Plutarch, um an dem dort stattfindenden Dichterwettstreit teilzunehmen. Hesiod selbst überlieferte: Die Regel des Wettstreites war, dass Hesiod sich einen Hexameter ausdachte, Homer vollendete mit einem weiteren Hexameter. Hesiods Hexameter endeten möglichst absurd, um es seinem Gegner Homer zu erschweren, diese sinnvoll fortzusetzen. Die Historizität dieses „Duells“ ist umstritten.
Und hier der Beginn des Wettstreits:

Hesiod Rindfleisch gab es zum Mahl und die dampfenden Hälse der Pferde
Homer lösten sie unter dem Joch. Sie hatten sich müde gestritten.
Hesiod Keiner ist so voll Eifers an Bord wie der Phryger, der Faulpelz
Homer ruft man die Mannen am Strande zur Nacht, das Essen zu fassen.
Hesiod Der war tapfer vor allem im Kampf und immer in Ängsten
Homer bangte die Mutter um ihn; ist Krieg doch hart für die Frauen.
Hesiod Sie aber schmausten von früh bis spät, und hatten doch gar nichts
Homer mitgebracht, doch der Wirt gewährte es ihnen in Fülle.
Hesiod Rüstig packten sie an mit der Hand die lodernde Feuersglut
Homer gar nicht achtend, ihr Boot ins löschende Wasser zu ziehen.
Hesiod Als sie nun aber gespendet und ausgetrunken die Salzflut
Homer abermals zu befahren bereit mit gebordeten Schiffen
Hesiod rief Agamemnon laut zu den Göttern allen: Verderbt uns
Homer nicht auf dem Meere …

(Aus: Fühmann, Franz: „Die dampfenden Hälse der Pferde im Turm von Babel“, Berlin: Kinderbuchverlag, 1978, S. 156–157)

6. *Erkunden Sie die Gesetze eines solchen Wettstreits. Verfassen Sie ähnliche Sprachspiele.*

Freies Schreiben, Freewriting

Die Methode „Freewriting“

Ken Macrorie hat den Begriff in den 1960er-Jahren eingeführt. Die Methode wurde jedoch schon vorher angewendet, so glaubten zum Beispiel Vertreter einiger Religionen daran, dass sich beim freien Schreiben Stimme und Wille Gottes offenbare. Auch Künstler des Surrealismus und Dadaismus verwendeten die Methode (↗ automatisches Schreiben, S. 19).

Freewriting bedeutet, für eine begrenzte Zeit scheinbar „wahllos“ Gedanken aufzuschreiben, ohne dabei sprachliche oder inhaltliche Regeln zu berücksichtigen. Bei dieser kreativen Methode wird bewusstes Denken mit unbewussten Inhalten durch Schreiben synchronisiert. Routinierte Schreiber nutzen Freewriting als „Warm-up“ vor dem eigentlichen Schreibprozess, aber auch, um Ideen zu einem Thema zu finden.

Angesichts der Fülle an Literatur haben viele Menschen Schwierigkeiten, überhaupt mit dem Schreiben zu beginnen. Ursachen für zögerliches Herangehen oder Blockaden sind mangelndes Vertrauen in eigene Ideen oder Befürchtungen, dass eigene Ansätze falsch sein könnten. Das liegt meist daran, dass beim Schreibenden Hemmungen vorhanden sind, einfach so „draufloszuschreiben“, ohne dabei auf Formulierungen oder die Rechtschreibung zu achten. Bei solchen Problemen ist es nützlich, zuerst mit der Hand zu schreiben, Assoziationen zuzulassen, ohne genau formulieren zu müssen, ohne beim Schreiben darüber nachzudenken, wie man den Text am besten strukturiert.

Die Methode ist einfach durchzuführen. Der Verfasser muss nur **schreiben**. Man sollte vorher eine Zeitspanne festlegen – etwa zwischen fünf bis 15 Minuten – und genügend Papier zur Verfügung haben. Der Schreibfluss darf nicht unterbrochen werden.

Regeln des Freewritings:

- einen Begriff, Geschichtentitel oder ein vorgegebenes Thema auswählen,
- weiße Blätter und gut schreibenden Stift bereitlegen,
- Uhr (Wecker) stellen – nicht weniger als fünf, nicht mehr als 15 Minuten,
- und nun: schreiben, was einem durch den Kopf geht,
- nichts lesen, was man geschrieben hat; weiterschreiben,
- nichts löschen oder korrigieren,
- Man darf sich keine Gedanken über Rechtschreibung, Grammatik oder andere Anforderungen machen.
- Man darf keine Gedanken darauf verwenden, wie gut man schreibt, ob das Geschriebene Sinn hat oder verständlich ist.
- Man muss nicht bei einem Thema bleiben.
- Wenn die Zeit um ist, angefangene Gedanken zu Ende schreiben und dann aufhören.

Varianten des Freewritings

Freewriting wird in zahlreichen Varianten ausgeführt, die sich vor allem im Grad der Freiheit, der den Schreibenden gewährt wird, unterscheiden. Namhafte Verfechter des Freewritings sind zum Beispiel Ken Macrorie und Peter Elbow, Roberta

ALLEN, GABRIELE RICO, die insbesondere das ziel- und themenlose Schreiben propagiert haben. Bei ihnen dient die Methode dazu, überhaupt erst zu einem Schreibthema zu gelangen. Mit der Weiterentwicklung sind allerdings auch thematische Aspekte wie das Schreiben über besondere Erlebnisse usw. hinzugekommen.

Die Methode nach Ken Macrorie und Peter Elbow

- Man muss das Geschriebene niemandem zeigen, es sei denn, man möchte dies.
- Man braucht nicht beim Thema zu bleiben.
- Man soll sich keine Gedanken über Rechtschreibung, Grammatik oder formale Anforderungen machen.
- Man darf keinen Gedanken darauf verwenden, wie gut man schreibt, ob das Geschriebene Sinn macht oder verständlich ist.
- Man muss während der vorgegebenen Zeit immer weiterschreiben. Man darf nicht aufhören, Wörter oder Buchstaben zu Papier zu bringen.

Die Methode nach Roberta Allen

ROBERTA ALLEN hat in ihrem Buch „Literatur in 5 Minuten“ das Verfahren beschrieben.

- Der Schreibende sitzt nicht vor einem leeren Blatt, sondern auf dem Blatt befindet sich ein Stichwort, ein Satz oder ein Bild.
- Der Schreibprozess verläuft analog zu den anderen.
- Die Ergebnisse des Schreibprozesses werden anschließend überarbeitet und können in eine Erzählung oder gar in einen Roman münden.

Die Methode nach Gabriele Rico

GABRIELE RICO verwendet die Methode des Freewritings beim Clustering (↗ S. 21). Der Cluster dient im Nachgang dazu, einen Schreibimpuls zu entwickeln, und dann beginnt der Schreiber mit der Verschriftlichung analog zur oben genannten Methode. Eine zeitliche Begrenzung gibt es allerdings nicht
Eine Variante, die von den Vertretern des automatischen Schreibens angewandt wurde, ist das Schreiben mit der anderen Hand – also nicht mit der Schreibhand.

Wenden Sie nun die Methode selbst an. Vergleichen Sie die Ergebnisse.

Tipp

Schreiben Sie alles auf, was Ihnen in den Sinn kommt, zensieren Sie nichts.
Denken Sie nicht über irgendetwas nach.
Schreiben Sie schnell und ohne Unterbrechungen, halten Sie nicht inne.
Blicken Sie nicht auf das, was Sie schon geschrieben haben, bewerten Sie es auch nicht.
Suchen Sie nicht nach besseren Formulierungen.
Vergessen Sie korrekte Rechtschreibung oder Logik in der Darstellung.
Wichtig ist einzig und allein, dass Sie so kontinuierlich wie möglich fortlaufend schreiben.

Wenn Sie anfangen zu kontrollieren, ist Ihr Verstand hellwach und das Unbewusste, Intuitive wird blockiert. Für das Unbewusste, das Kreative hat alles einen Sinn. Manchmal muss man ihn im Nachhinein bewusst suchen.

Interview

Das Wort „Interview“ kommt aus dem Angloamerikanischen und hat sich erst im 20. Jahrhundert auch im deutschen Sprachraum durchgesetzt. Es stammt vom französischen „entrevue“ ab und bedeutet „verabredete Zusammenkunft“ oder „kurze Begegnung“. In der Alltagssprache wird der Begriff besonders im Journalismus gebraucht.
Im journalistischen Sinne ist ein Interview ein Gespräch eines Berichterstatters, Reporters, mit einer Person zum Zweck der publizistischen Verwertung. Ein Interview ist demnach eine Gesprächssituation, die bewusst und gezielt herbeigeführt wird. Das Zeitungsinterview entsteht erst beim Schreiben und wird oft vom Interviewten im Nachhinein autorisiert. In Deutschland erschien das erste gedruckte Interview 1957. Es war ein Gespräch der Zeitschrift „SPIEGEL“ mit dem damaligen Verteidigungsminister FRANZ-JOSEF STRAUSS. Es umfasste 1 200 Druckzeilen.

1. *Es gibt mehrere* ***Formen von Interviews:***
   - *standardisiertes Interview,*
   - *halb standardisiertes Interview,*
   - *unstrukturiertes Interview.*

   Charakterisieren Sie Kennzeichen, Vorteile, Nachteile.

Eine andere Form der Einteilung gliedert Interviews in:
Meinungsinterview: Hier wird die subjektive Haltung oder Meinung oder auch die Einstellung einer Person zu einer bestimmten Sachlage ergründet. Der Interviewte ist oft Politiker oder Interessenvertreter.
Persönlichkeitsinterview: Hier wird die Persönlichkeit eines Menschen im Interview dargestellt.
Experteninterview: Es soll dem Leser Informationen und Fachwissen vermitteln. Es interessiert vorrangig das Expertenwissen des Interviewten, weniger die Meinung des Experten oder seine Persönlichkeit.

Vorbereitung eines Interviews
- Thema des Interviews auf wenige Aspekte eingrenzen.
- Zahl der Interviewer festlegen.
- Ermittlung der Interviewpartner, die für das gewählte Thema und für die Leser interessant und auskunftsfähig sind.
- Vorab Informationen über Gegenstand und Interviewte beschaffen, recherchieren.
- Entscheidung über die Art des Interviews treffen: Telefoninterview, direktes persönliches Gespräch, schriftliches Interview.
- Die ausgewählte(n) Person(en) anfragen, eigene Angaben nicht vergessen.
- Für ein direktes persönliches Gespräch einen Interviewort und einen Zeitrahmen festlegen.
- Naheliegende Fragen der Leser ermitteln.
- Ablauf des Interviews anhand von Leitfragen bestimmen.
- Einen Gesprächseinstieg überlegen.

Das Wichtigste an einem Interview sind die Fragen. Der Interviewer sollte sich bewusst sein, dass die Art der Fragestellung die Antwort stark beeinflussen kann. Vor allem aber lässt sich durch die Art der Fragen die Gesprächssituation steuern. Vor der eigentlichen Befragung empfiehlt sich ein „Einstieg". Der Einstieg in ein Interview soll den Interviewpartner vorbereiten, eine Erwartungshaltung aufbauen oder eventuell den Interviewten herausfordern. Der Einstieg sollte den Befragten überraschen.

Fragetechniken sind das Handwerkszeug des Interviewers. Als Fragetechnik bezeichnet man den Einsatz von Fragen für die gezielte Gesprächsführung.
Eine Frage muss mindestens durch Intonation und Mimik als solche erkennbar sein. Es empfiehlt sich der Einsatz von Fragewörtern: Warum ...? Was ...? Wer...? Wie ...? Weshalb ...?
Allgemein gilt: Ausufernde Fragen erbringen oft lange Antworten. Kurze Fragen erbringen kurze, präzisere Antworten.

2. *Für Interviews können verschiedene Fragetechniken angewendet werden. Erläutern Sie an Beispielen die Fragetechniken: a) offene Frage, b) Aufforderungsfrage, c) geschlossene Frage, auch „Entscheidungsfrage", d) Alternativfrage, e) Balkon- oder Plattformfrage, f) Autoritätsfrage, g) Sachverhaltsfrage, h) Suggestivfrage.*

Das Wichtigste am Interview ist das **Nachfragen.** Nur so entstehen spannende Interviews. Man sollte nicht nur eine Frageliste abarbeiten.

3. *Wann und wie sollte in Interviews nachgefragt werden?*

Durchführung eines Interviews

- Auf Pünktlichkeit und korrekte Ausdrucksweise achten.
- An den Leitfragen orientieren, jedoch flexibel bleiben (z. B. bei spontanen Äußerungen des Interviewpartners).
- Kurz und bündig fragen, nicht mehrere Fragen aneinanderkoppeln.
- Der Interviewte darf ausreden, die Druckfassung kann im Nachhinein gekürzt werden.
- Den Gesprächspartner anschauen, ihm das Gefühl geben, genau zuzuhören.
- Darauf achten, ob die Frage auch wirklich beantwortet wurde, beliebt sind Ausweichmanöver, „Jein"-Antworten oder Ausflüchte. (↗ „Nachfragen")
- Fremdwörter nachfragen, Beispiele erbitten.
- Am Fragenkatalog nicht sklavisch festhalten, die Reihenfolge der Fragen kann flexibel sein.
- Fragearten wechseln, das hält das Interview lebendig.
- Interview mit Diktiergerät aufnehmen.

4. *Führen Sie Interviews. Legen Sie vorher die Form, den Ablauf und die Fragetechnik fest. Vergleichen Sie die Ergebnisse. Veröffentlichen Sie Ihre Interviews, z. B. in der Schülerzeitung.*

Reportage

Der Begriff „Reportage“ kommt vom lateinischen *reportare,* das heißt so viel wie zusammentragen, zurücktragen. Der Reporter trägt also etwas zusammen – Fakten, Tatsachen, Informationen.
Die Reportage wird im Journalismus verwendet. Hier bezeichnet man als Reportage eine räumlich und zeitlich begrenzte Geschichte, die subjektive Aussagen enthalten kann und nicht unbedingt einem chronologischen Verlauf folgen muss.

Der Reporter erzählt aus der Perspektive eines Augenzeugen. Durch seine Sichtweise wird es dem Leser ermöglicht, die beschriebenen Ereignisse mitzuerleben. Eine Reportage kann aus Texten oder bei einer „Fotoreportage“ lediglich aus Bildern bestehen. Die Kombination von Bild und Text ist die verbreitetste Form. Reportagen finden sich auch im Hörfunk, Film, Fernsehen oder in Podcasts.

Reportagen
- sind tatsachenorientiert,
- sind persönlich gefärbt und
- leben von Handlungen.

Beim **Verfassen einer Reportage** sollten folgende Punkte beachtet werden:

Information: Wissen, Auskunft, Aufklärung, Mitteilung über eine aktuelle Situation und/oder Kenntnisse über Gegenstände und Phänomene;
Impression: persönliche Eindrücke, die individuelle Wahrnehmung des Reporters zum Thema;
Reflexion: prüfendes und vergleichendes Nachdenken über die Situation und/oder Gegenstände und Phänomene.
Emotion: ein komplexer Prozess, Gefühle (kurzzeitiger) oder Stimmungen (langzeitiger), Emotionen lassen sich grob in angenehm und unangenehm einteilen, sie haben eine Qualität, die Art von Emotion und eine Stärke;
Konklusion: Die Konklusion ist die Schlussfolgerung. Eine Konklusion besteht aus Prämissen oder Annahmen, die in der Reportage weiter oben gemacht werden, und dem daraus resultierenden logischen Schluss. Eine Konklusion kann entweder schrittweise Folgerungen und Beweise entwickeln oder aus einem einzigen Schlusssatz bestehen.

„... Der größte Fehler eines Reporters ist sein Wunsch, Künstler zu sein. Was einzig zählt, ist das Handwerk ...“ postuliert der preisgekrönte amerikanische Reporter Jon Franklin. In seinem Buch „Writing for Story“ beschreibt er Grundsätze der Reportage. Danach sollte sich eine Reportage in drei Abschnitte gliedern: Konflikt, Handlung und Lösung.

1. *Recherchieren Sie und tragen Sie Hinweise zum Schreiben einer Reportage zusammen.*

Der amerikanische Journalist JON FRANKLIN hat legendäre Reportagen geschrieben und eines der in den USA meistgelesenen Bücher über Reportagen: „Writing for Story". Nach FRANKLIN ist für die Güte der Geschichte die dramatische Struktur entscheidend, Prämisse ist das Prinzip des Erzählens: Ein Held wird mit einem Problem konfrontiert, kämpft und siegt oder geht unter.
Reporter sind Berichterstatter. Sie berichten über aktuelle Begebenheiten. Eine Reportage kann in Tageszeitungen, im Rundfunk oder Fernsehen und auch im Internet veröffentlicht werden. Berichtet wird über Ereignisse aus Politik, Kultur, Sport, Justiz u. a.
Bekannte Reporter waren/sind z. B.:

- EGON ERWIN KISCH,
- MARIE-LUISE SCHERER,
- MAX WINTER,
- RYSZARD KAPÚSCÍNSKI,
- GÜNTER WALLRAFF,
- MARIA LEITNER.

Egon Erwin Kisch – der „rasende Reporter"

Die gesammelten Reportagen von EGON ERWIN KISCH erschienen 1925. KISCHS Reportagebände „Der rasende Reporter", „Hetzjagd durch die Zeit" (1926) und „Wagnisse in aller Welt" (1927) zeigen Ansätze einer kritischen Wirklichkeitsdarstellung. Seinen Reportagestil, der sich durch distanzierte Sachlichkeit auszeichnet, entwickelte KISCH in der Zeit von 1906 bis 1913 als Lokalreporter in Prag. Seinen Reportagen ist der Hang zum Außergewöhnlichen gemein. Schauplatz der geschilderten Ereignisse ist ganz Europa. EGON ERWIN KISCH beschreibt knapp, aber erschöpfend einmalige Aktualitäten, historische Forschungen oder ungewöhnliche Orte.

Reportagen (Auswahl)

- „Aus Prager Gassen und Nächten", 1912
- „Der rasende Reporter", 1924
- „Der Fall des Generalstabschefs Redl", 1924
- „Wilde Musikantenbörse", 1925
- „Hetzjagd durch die Zeit", 1926
- „Zaren, Popen, Bolschewiken", 1927
- „Marktplatz der Sensationen", 1942

2. *Recherchieren Sie Leben und Werdegang Egon Erwin Kischs. Erstellen Sie einen Vortrag zum Thema.*
3. *Schreiben Sie eine Reportage über ein vorgegebenes Thema.*

Rezension

Die Rezension, abgeleitet vom lateinischen *„recensio"*, heißt so viel wie Besprechung, im engeren Sinne ist häufig eine Buchbesprechung gemeint, die eine Inhaltsbeschreibung und meist auch eine kritische Bewertung des Werks beinhaltet.
Der **ursprüngliche Begriff** „Rezension" meint die Besprechung von Literatur – literarische Werke werden von Literaturwissenschaftlern oder Kulturjournalisten besprochen.
Eine Rezension beschreibt und bewertet das Medium, etwa ein Buch. Es geht nicht nur darum, die positiven Seiten herauszustellen, sondern die **persönliche Haltung** des Rezensenten gegenüber dem Werk zum Ausdruck zu bringen, sei sie nun positiv oder negativ. Daher sollte der Rezensent seine Meinung begründen, damit der Leser sie nachvollziehen kann. Heute versteht man unter Rezensionen auch die Bewertung von Filmen, Kunstwerken, Konzerten oder Software.

Was eine Rezension nicht sein sollte:
- die Wiedergabe des Klappentextes, denn das ist ein Werbetext, der vom Verlag zu Werbezwecken geschrieben wurde,
- eine reine Nacherzählung,
- eine reine Inhaltsangabe,
- eine reine, unbegründete Meinungsäußerung.

Außer der klassischen Buchrezension gibt es heute auch:
- Filmrezensionen (↗ Filmkritik, S. 28),
- Musikrezensionen,
- Homepagerezensionen,
- Softwarerezensionen,
- Geräterezensionen,
- Spielerezensionen.

Die Rezensionen sollen nicht nur Inhaltsangabe sein, sondern dürfen auch die persönliche Meinung und Bewertung des Autors enthalten.
Dabei kommt es auf verständliche Formulierungen an, damit der Leser sich ein Urteil bilden kann.

Regeln für faire Rezensionen:
- Das zu rezensierende Buch komplett lesen, alternativ: den ganzen Film ansehen, das vollständige Album hören, die gesamte Homepage bewerten.
- Nötiges Wissen recherchieren.
- Zitate exakt kennzeichnen.
- Keine Gefälligkeitsrezensionen schreiben, weil man den Autor gut leiden kann.
- Sich in der Rezension nicht selbst profilieren.

In einer Rezension sollten ein inhaltlicher Überblick, eine Interpretation und eventuell Literaturangaben enthalten sein.

Der inhaltliche Überblick in der Rezension

1. Zuerst schreibt man eine kurze Inhaltsangabe, d. h. eine kurze Zusammenfassung, sowie eine knappe Vorstellung der wesentlichen Handlung.
2. Danach folgen Hintergrundinformationen zum Werk, z. B.:
   - die Textgattung (Lyrik, Kinderbuch, Krimi, Ratgeber, Sachbuch ...),
   - das Erscheinungsdatum,
   - der Verfasser, eventuell Hinweise zur Biografie des Autors, frühere Veröffentlichungen,
   - eventuell interessante Aspekte zur Entstehung des Buches,
   - andere Werke ähnlicher Thematik,
   - Gestaltung, d. h. Abbildungen, Fotos, Gliederung.

Die Interpretation

Hier sollten folgende Aspekte beachtet werden:

- Was ist die Kernaussage des Buches? Was sind die wesentlichen Aspekte der Handlung?
- Welche Sprache und Form wird vom Autor verwendet? (Typische Stellen können zitiert werden.)
- Wie lässt sich das Buch einordnen in den literarischen Kontext, das ist der Bezugsrahmen, in den zeitgenössischen Hintergrund, im Hinblick auf frühere Werke des Autors?
- Welche persönliche Wertung nimmt der Rezensent vor? Er begründet seine Meinung zum Werk mit schlüssigen Argumenten, z. B. zu den Fragen: Wo liegen die Grenzen? Welche Aussagen sind widersprüchlich? Bleiben Fragen offen?

Außerdem können Besonderheiten des rezensierten Werkes herausgearbeitet werden: zur Sprache/Wortwahl, zu Motiven oder Symbolen, Metaphern, zum Thema, zum Schreibstil, zur Konstruktion.

Auch die Benennung von **Diskussionspunkten** ist in einer Rezension möglich, z. B.:

- Kann man das Ende unterschiedlich deuten?
- Wie ist das Buch generell zu bewerten?
- Wie ordnet sich das Werk im Vergleich zu anderen Autoren mit ähnlichen Schreibweisen ein?

Literaturangaben sind nützlich, müssen aber nicht immer vollständig aufgeführt werden. Genannt werden sollten Autor, genauer Titel und Verlag.
Weitere bibliografische Angaben zum Buch sind: Seitenzahl, Buchform, z. B. Hardcover, Taschenbuch, Preis, Name des Übersetzers und vielleicht Informationen von Internetseiten und/oder anderen Nachschlagewerken.

1. *Verfassen Sie eigene Rezensionen zu gelesenen Büchern.*
2. *Vergleichen Sie Ihre Rezension mit den Rezensionen zum Werk im Internet.*
3. *Beurteilen und bewerten Sie die Rezensionen anderer Leser. Finden Sie besonders gute/besonders schlechte Rezensionen.*

Porträt

Das Porträt, vom französischen *„portrait"*, bezeichnet entweder ein Gemälde, eine Fotografie, eine Plastik oder eine andere Darstellung von Personen.
Es ist keine eigene Gattung, sondern eher eine Mischung aus Interview, Feature, Bericht.
Im Porträt soll vor allem die Persönlichkeit, das Wesen der Person, zum Ausdruck kommen. Schriftliche Porträts sollen weder nur eine Lobeshymne noch eine Demontage der porträtierten Person sein.

1. Vorbereitung eines Porträts

Wenn man den Porträtierten persönlich trifft:

- einen persönlichen Ort auswählen, evtl. mehrere Treffen an verschiedenen Orten organisieren, damit man viele Facetten der Person kennenlernen kann,
- im Vorfeld recherchieren, z. B. im Internet, bei Bekannten ..., nach Konflikten und Gegensätzen suchen,
- Fragen, auch kritische Porträtpunkte zusammenstellen (↗ Interview, S. 34 f.).

Wenn man den Porträtierten nicht persönlich trifft:

- jemanden auswählen, z. B. einen Schriftsteller, Komponisten, Musiker, Maler, Wissenschaftler, Entdecker, Zeitzeugen ...
- Informationen über die ausgewählte Person zusammentragen: Wann/wo wurde der Porträtierte geboren? Welchen (schulischen) Werdegang hatte er? Wie verlief sein weiteres Leben? Welchen Problemen begegnete der Porträtierte? Konnte er sie lösen? Wie? Welche Werke hinterließ er? Was findet der Porträtschreiber gut an seinem Porträtierten? Warum? Was findet der Porträtschreiber nicht gut an seinem Porträtierten? Warum? (Evtl.: Wann/wo starb der Porträtierte?)

2. Das Porträt schreiben

Ein geschriebenes Porträt sollte zwei Ebenen enthalten:

- Die **erste Ebene** enthält **sachliche Fakten** zur porträtierten Person: Beruf, Herkunft, evtl. Aussehen, familiärer Hintergrund. Dabei soll man die Fakten auswählen, die für die Person wichtig sind, Zitate anderer über die porträtierte Person.
- Die **zweite Ebene** enthält **individuelle Besonderheiten:** künstlerische Fähigkeiten, Motive, Träume, Hoffnungen oder Konflikte. Wenn man den Porträtierten persönlich getroffen hat: Bei welchen Themen wurde das Gespräch schwierig? Welche Fragen hat er/sie nicht beantwortet? Woran könnte das gelegen haben?

Im Porträt sollte man nicht nur „beschreiben", sondern auch **eine eigene Einstellung zum Porträtierten** finden, jedoch nicht urteilen, sondern dies dem Leser überlassen, indem man Beispielsituationen oder Zitate benennt.
Ein Porträt kann neben dem Text mit persönlichen Informationen auch Bilder oder Auszüge aus Werken enthalten.

Recherchieren Sie Porträts. Schreiben Sie ein Porträt über Ihre beste Freundin.

Feature

Das Feature gehört zu den Darstellungsformen, die zwar am häufigsten verwendet werden, deren Definition aber auch am umstrittensten ist. Der Begriff „feature“ wird vieldeutig gebraucht. Es gibt:

- das „Radiofeature“, ein Hörfunkgenre, es ist nonfiktional,
- das Programmfeature, auch Featurerequest – es bezieht sich auf die Funktionalität von Software,
- das Double Feature, ein Doppelprogramm zweier Filme, die hintereinander gezeigt werden,
- das Featuring – das ist ein Gastauftritt eines Musikers,
- Feature/GIS (Geografische Informationssysteme), die kleinste, geometrisch sinnvolle Einheit innerhalb eines raumbezogenen Datasets,
- das Medienfeature, kurz Feature – eine journalistische Textgattung.

Das Medienfeature

Feature kommt vom englischen *„feature“* für Merkmal, Charakteristik. Ein „Medienfeature“ ist ein journalistischer Text.
Im angelsächsischen Raum ist Feature ein Oberbegriff für alles, was nicht einer Meldung oder einer Nachricht zuzuordnen ist. Die Reportage als eigenständige Darstellungsform gibt es hier faktisch nicht.

Ein Feature enthält sowohl Merkmale der Reportage (↗ S. 36) und der Dokumentation, veranschaulicht jedoch im Gegensatz zur Reportage ein Thema anhand konkreter Beispiele, ohne unbedingt den strengen Regeln des Nachrichtenschreibens zu folgen. Sachverhalte werden in einem Feature also durch kurze Szenen, Storys oder Zitate veranschaulicht.

Die Übergänge zwischen Reportage und Feature sind fließend. Das ist auch nicht zu vermeiden, da Elemente der Reportage, wie etwa der Einstieg mitten in das Geschehen oder sprachliche Stilmittel, auch in jedem Feature vorkommen.

Der **Begriff „Feature“** ist jedoch trotzdem nicht eindeutig definiert, obwohl es an Versuchen dazu nicht mangelt.
Was kann ein Feature? Es kann

- Situationen und Zusammenhänge exemplarisch zeigen,
- am Beispiel das Allgemeine deutlich machen, Details zeigen,
- Schilderungen durch Wissen ergänzen,
- das Thema profilieren, herausstellen,
- einen Wechsel zwischen Anschauung und Abstraktion, Schilderung und Schlussfolgerung bieten,
- Perspektiven oder Schlussfolgerungen aufzeigen.

Ein Feature lebt also von der subjektiven Sicht des Schreibers, vom Atmosphärischen, von der farbigen Darstellung und vom persönlichen Stil.

Vorgehensweise beim Schreiben eines Features

1. Vorbereitung
   Hierzu muss der Verfasser Grundlagen und Fakten recherchieren, z. B.:
   - Thesenpapiere,
   - Aufsätze,
   - Bücher,
   - geeignete Interviewpartner.
2. Schreiben des Features
   - Der Einstieg sollte eine interessante Szene sein, überraschend, provokativ, verrückt.
   - Es folgen kurze Ausführungen und Erklärungen zu der anfangs gezeigten Szene.
   - Nun leitet man von der anfangs gezeigten Szene zum Gesamtkontext über: Worum geht es in dem Feature? (Roten Faden beachten!)
   - Zum Schluss folgen eine Rückblende auf die Anfangsszene, Schlussfolgerungen, Perspektiven.

Kriterien, die beim Schreiben eines Features zu berücksichtigen sind

- stilistische Kriterien: Anschaulichkeit der Sprache, Personalisierung
- dramaturgische Kriterien: szenischer Einstieg (mitten hinein in das Geschehen, dramatische Gliederung)
- inhaltliche Kriterien: handelnde Personen zeigen, Analyse des Hintergrundes, Schilderung von Situationen und Episoden, eine thematische Einengung

Ein gutes Feature zeichnet sich durch folgende Punkte aus:
- Gegensatz zwischen Emotion und Kognition,
- Gegensatz zwischen Propaganda und Information,
- Einsatz von Quellen (Quellentreue, Authentizität, tatsachengerechte Schreibweise).

1. *Schreiben Sie zu einem Thema*
   a) eine Reportage,
   b) ein Feature!
   Vergleichen Sie beide!
2. *Als Hörfunkgenre hat sich das Feature im deutschsprachigen Raum fest etabliert. Erklären Sie den Begriff „Radiofeature", recherchieren Sie Beispiele.*

Tipp *Ursprünglich handelt es sich beim Radiofeature um eine halb- bis einstündige, aufwendig gestaltete Sendung, die dem Hörspiel verwandt ist und alle Elemente von Originalton, über Autorentext (epischer oder szenischer Art) bis zu Musik enthalten kann. Hier finden Sie zahlreiche Radiofeatures:*
http://www.wdr.de/radio/feature/
http://www.ard.de/radio/feature-doku/-/id=7990/az2lgi/index.html
http://www.radio-feature.de/

Visualisierung

Mit Texten aktiv umzugehen bedeutet, etwas mit den Texten zu tun. Der aktive Umgang mit Texten kann sich auf Lesen, Fragen, Schreiben u. Ä. beschränken. Die Visualisierung unterscheidet sich davon, indem sie versucht, Texte mithilfe von **Zeichen und Bildern** darzustellen. Texte zu visualisieren heißt also, die in den Texten enthaltenen Inhalte oder Argumente durch nicht sprachliche Zeichen auszudrücken, etwas optisch zu betonen oder auch Ideen in ein Bild umzusetzen.

Visualisierungstechniken bieten sich auch deshalb an, weil durch diese Art der Assoziationen beide Gehirnhälften aktiviert und genutzt werden (↗ S. 12).
Das Visualisieren selbst setzt eine gründliche Auseinandersetzung mit dem Text voraus und ermöglicht eine rasche Rekonstruktion der inhaltlichen und logisch-argumentativen Struktur eines Textes.

Visualisierungstechniken sind zum Beispiel: Diagramm, Piktogramm, Label, Folie, Flipchart, Pinnwand, Storyboard, Fotostory/Fotoroman, Entwicklung eines Drehbuchs aus einem Drama, Film oder Video, Comic, Karikatur.

Das **Storyboard** ist eine Technik, mit der komplexe Themen in visuelle Präsentationen umgesetzt werden können. Bei umfangreichen literarischen Texten empfiehlt es sich, Textauszüge (Kapitel) zu verwenden. Informationen werden gegliedert und visualisiert, Fakten werden auf ihren Kern verdichtet und strukturiert. Es wird eine logische und schlüssige Storyline aufgebaut.
Als Planungshilfe werden die Grundinhalte/wesentlichen Vorgänge in eine **gezeichnete lineare Bildfolge** übersetzt. Die einzelnen Bilder werden nummeriert und mit den notwendigen Angaben zum Handlungsverlauf und zur Kameraführung versehen. Die entstehende Bildfolge ist die Vorlage für das Drehen des Filmes, sie kann auch verändert werden.

Gestaltung: Ein Storyboard wird in einer Art Tabelle angelegt.
Es gibt zwei generelle Möglichkeiten dafür:
a) einfacher, schematischer Stil oder
b) illustrativer Stil.
Geeignet für komplexe Texte sind auch z. B. der Fotoroman oder das Drehbuch, aus dem ein Video entsteht. Ein Fotoroman besteht aus einer Folge einzelner Fotos, die zusammen eine Geschichte ergeben. Oft sind Dialoge eingefügt.

Produktion eines Fotoromans
Die Haupthandlung wird in einzelne Abschnitte zerlegt. Ein Storyboard für die Reihenfolge und Inhalte der Fotos wird erstellt. Die Fotos werden angefertigt und in sinnvoller Reihenfolge angeordnet, kurze Texte können ergänzt werden.

1. *Erstellen Sie ein Storyboard für eine literarische Geschichte.*
2. *Fertigen Sie einen Fotoroman zu einem Thema an.*

Zeitungsmeldung

Anforderungen an journalistische Texte (Zeitungsmeldungen)

1. **W-Fragen**
   Beantworten Sie im Artikel – zum Thema passend – alle oder zumindest einen Teil der folgenden W-Fragen: Wer? Was? Wann? Wo? Wie? Warum? Wie viele (Zuschauer, Teilnehmer …)? Woher (Quellen)?

2. **Wichtigkeit der Inhalte**
   Schreiben Sie in „absteigender Wichtigkeit". Je eher wichtige Informationen im Text erscheinen, umso schneller erfüllt der Text seine Aufgabe. Der Textaufbau nach Wichtigkeit ermöglicht Redaktionen, den Text von hinten zu kürzen. Dadurch kann er an die starre Zeitungsgeometrie, das ist der Platz für den Text auf einer Zeitungsseite, angepasst werden.

3. **Leserführung**
   - Hier ist eine Gliederung in folgende Teile gemeint: Titel, eventuell Ober- oder Untertitel, Lead = Einführung, Absätze, Zwischentitel, Bild, Legende = Text zum Bild, Grafiken und Infokästen.
   - Der **Titel** soll die Kernaussage enthalten und zieht den Leser in den Artikel.
   - Der **Lead,** das ist die Einführung, der Vorspann, beantwortet die W-Fragen (s. o.) oder stimmt den Leser auf den Artikel ein.
   - **Zwischenüberschriften** geben weitere Informationen.
   - **Bilder** animieren und machen neugierig.

1. Analysieren Sie Zeitungsmeldungen zu einem Thema unter inhaltlichen und formalen Aspekten. Ziehen Sie verschiedene Zeitungen zum Vergleich heran.

Zeitungsmeldungen verfassen
Zeitungen sind Medien mit einer hohen Informationsdichte. Der Text sollte nicht länger sein, als er wirklich sein muss. Ein journalistischer Text lässt sich durch die vier Kriterien Aktualität, Wichtigkeit, Korrektheit und Vermittlung definieren.

Aktualität
- Offensichtliche Aktualität bedeutet, dass der Leser so schnell wie möglich informiert wird.
- Unterschwellige Aktualität tritt bei Themen mit allgemeiner Bedeutung auf, die grundlegend und länger dauernd von Interesse sind.

Wichtigkeit
- Die Wichtigkeit ist stark von der Art der Zeitschrift abhängig und
- sollte sich mit dem Leserinteresse decken.
- Bei einem Vergleich von Meldungen verschiedener Zeitungen eines Tages fallen deutliche Unterschiede in den Themen und deren Anordnung auf.

Korrektheit
- ist eine zentrale Anforderung an einen journalistischen Text,
- bedeutet Wahrheit und Genauigkeit in den Schilderungen,
- meint: weder falsche noch ungenügende Informationen.

Vermittlung
Das Wesentliche soll schnell, verständlich, korrekt und möglichst vollständig vermittelt werden. Die Leitlinien des Journalismus sollen beachtet werden. Das sind: dichter Informationsgehalt, ein bestimmter Aufbau des Textes, zeitungsspezifische Schreibweisen, Artikelart.

Technische Anforderungen an Zeitungstexte
- Text als Worddokument (doc) oder im Richtextformat (rtf) verfassen,
- Fließtext schreiben,
- keine Tabulatoren, Spalten, Textfelder, Grafiken oder Bilder in den Text einfügen, weil die Layoutprogramme der Zeitungen nicht mit den Wordformatierungen kompatibel sind,
- keine Zeilenumbrüche am Ende der Seite einfügen, wenn der Text auf der nächsten Seite weiterläuft,
- keine automatische Silbentrennung,
- Bilder separat speichern und sinnvoll benennen („sprechende Namen“).

Bei journalistischen Texten gibt es feste Regeln, die **„zeitungsspezifische Schreibweise“**. Abkürzungen werden fast immer ausgeschrieben. Zahlenangaben bis „12“ werden als Zahlwort geschrieben. Zeitangaben lauten: 13 Uhr und nicht 13.00 Uhr oder 13:00 Uhr. Währungsangaben werden ausgeschrieben und gerundet.

2. *Verfassen Sie selbst Zeitungsartikel.*

3.3 Weiterführende Methoden

Brainstorming

Brainstorming ist eine Methode zur Ideenfindung, die von ALEX OSBORN „erfunden" wurde. Sie soll die Erzeugung von neuen, ungewöhnlichen Ideen in einer Gruppe von Menschen fördern. Es geht darum, ohne jedes Urteil und ohne jede Bewertung möglichst viele - auch verrückte - Ideen zu entwickeln.
Anwendung findet dieses Verfahren bevorzugt im Bereich der Werbung, es wird aber auch bei Problemen eingesetzt, die neue Lösungen erfordern, zum Beispiel bei der Produktentwicklung oder beim Konstruieren neuer technischer Geräte. Ziel ist es, die Barrieren abzubauen und kreatives Denken zu fördern. Es ist eine Gruppenaktivität, die die üblichen gruppendynamischen Zwänge ausschalten soll, und basiert auf **Gruppenarbeit** (synergistischer Effekt) und **freier Assoziation** (laterales Denken). Brainstorming kann moderiert oder nicht moderiert ablaufen. Für Ungeübte empfiehlt sich das moderierte Verfahren.

Vorteile	Nachteile
– Finden innovativer Ideen und ausgefallener Problemlösungen – nützlich, wenn andere Techniken keine Lösungsansätze bieten – geringe Kosten – einfach zu handhaben – Ausnutzung von Synergieeffekten	– abhängig von den Gruppenmitgliedern – viele unbrauchbare Lösungsvorschläge – Gefahr des Abschweifens (vom Hundertsten ins Tausendste) – Selektion geeigneter Ideen schwierig – gruppendynamische Konflikte

Der **Moderator** hat die Aufgaben
- die Spielregeln (s. u.) zu erläutern,
- kurz ins Problem einzuführen,
- zu überwachen, dass die Spielregeln eingehalten werden,
- den Kommunikationsfluss durch unauffälliges Eingreifen aufrechtzuerhalten,
- beim Abschweifen zum Thema zurückzuführen,
- stille Teilnehmer zu aktivieren, dominierende zu dämpfen.

Vorbereitung
Es wird eine Gruppe aus bis zu 15 Personen zusammengestellt. Je nach Problemstellung kann sie aus Experten/Mitarbeitern, Laien oder Experten andersartiger Fachgebiete bestehen. Den Gruppenmitgliedern wird im Vorfeld der erwartete Verlauf des Brainstormings mitgeteilt, zum Beispiel, ob es sich um ein moderiertes oder nicht moderiertes Brainstorming handelt. Ein Protokollant wird ernannt. Der Moderator bereitet Anschauungsmaterial vor und führt die Gruppe in das Problem ein. Das Problem wird analysiert und präzisiert.

Führen Sie ein Brainstorming zu einem vorgegebenen Thema, z. B. „Kreatives Schreiben im Deutschunterricht", durch.

Ablauf (klassisches Verfahren, Zeitrahmen etwa fünf bis 30 Minuten)

1. Vorbereitungsphase

Eine Gruppe wird je nach Problem zusammengestellt.
Das Problem des Brainstormings wird genannt.
Ein Gruppenleiter wird bestimmt.
Ein Protokollant wird bestimmt.

2. Phase der Ideenfindung

Das Problem wird vom Gruppenleiter dargestellt.
Das Problem wird analysiert und präzisiert.
Die Gruppenmitglieder äußern sich nun zur Lösungsfindung nach vorgegebenen Grundregeln:

- Alle Teilnehmenden sollen ohne jede Einschränkung Ideen nennen und mit anderen Ideen kombinieren können.
- Die Gruppe sollte in eine möglichst produktive und erfindungsreiche Stimmung versetzt werden.
- Es wird keine Kritik an anderen Beiträgen, Ideen, Lösungsvorschlägen geäußert, weil sich kreative Ansätze auch aus zunächst völlig unsinnigen Vorschlägen entwickeln können.
- Die genannten Ideen werden nicht gewertet.
- Jeder muss seine Gedanken frei äußern können.
- Jeder darf frei sprechen und wird nicht unterbrochen.
- Je kühner und fantasievoller die Ideen sind, desto besser ist es für das Brainstorming. Dadurch wird das Lösungsfeld vergrößert.
- Jede Idee, gleichgültig wie verrückt oder realistisch, ist willkommen.
- Es kommt auf die Menge der Vorschläge an, nicht auf die Qualität. Es sollen möglichst viele Ideen in kurzer Zeit produziert werden.
- Jeder darf jeweils nur eine Idee vorbringen. Hat er mehrere Vorschläge, sollte er sie notieren, um sie in der Zwischenzeit nicht zu vergessen. Die einzelnen Beiträge der Teilnehmer sollen kurz und prägnant sein. Das Brainstorming darf nicht in langatmige Erklärungen und Monologe ausarten.
- Jeder darf Ideen der anderen aufgreifen und für eigene Ansätze verwenden. Es gibt keinen Urheberschutz.

Die Ideen werden protokolliert.

PAUSE

3. Phase der Ergebnisbewertung

Alle Ideen werden vom Gruppenleiter vorgelesen/vorgestellt.
Die Ideen werden von den Gruppenmitgliedern nach Zugehörigkeit zum Thema sortiert und nach Nutzen bewertet.

Mindmapping

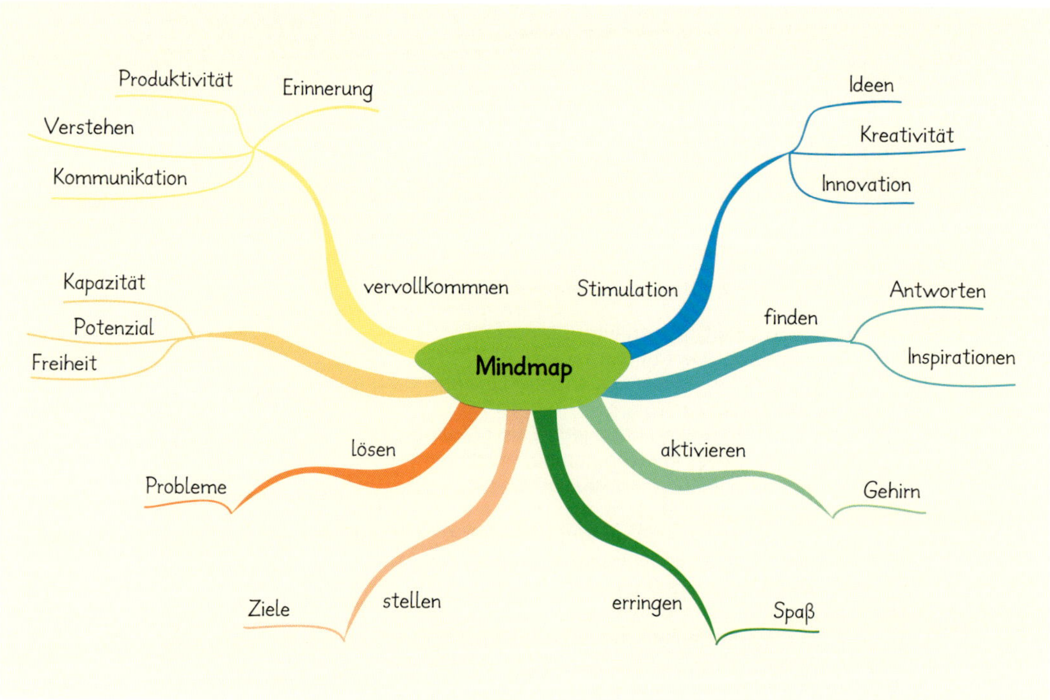

Die Methode des Mindmappings wurde in den 1970er-Jahren von Tony Buzan entwickelt. Die Mindmap, wörtlich übersetzt **„Gedankenlandkarte“** (*mind,* englisch = Gedanke, Gedankengang; *map,* englisch = Landkarte) ist eine Lerntechnik, mit deren Hilfe Gedanken und Ideen zu einem Thema geordnet und übersichtlich dargestellt werden können.

Mithilfe von Mindmaps können Probleme besser gelöst oder die Aufgaben bei Gruppenarbeiten sinnvoll verteilt werden. Mindmaps sind eine gute Möglichkeit des Mitschreibens im Unterricht.
Auch zum Auswerten von Texten, Sammeln von Informationen oder Erfassen von wesentlichen Textinhalten sind sie einfach und vielseitig einsetzbar. Man kann eigene Gedanken aufschreiben, d. h. Informationen aus dem Kopf auf das Papier bringen. Beim Anfertigen von Mitschriften und Zusammenfassungen gelangen Informationen von außen in den Kopf hinein. Es kommt Ordnung in die eigenen Gedanken. So gelingt es besser zu planen, sich zu entscheiden oder Probleme zu lösen und Ideen weiterzuentwickeln.

Die Gestaltung von Mindmaps ist außerordentlich vielfältig. Das Thema, die Hauptidee oder der Grundgedanke steht im Mittelpunkt. Davon zweigen die Inhalte ab, die zu diesem Thema gehören. Jede Mindmap ist anders. Dennoch gibt es einige Grundregeln, die beachtet werden sollten.

Grundregeln zum Erstellen einer Mindmap

1. Legen Sie die benötigten Materialien, z. B. ein großes weißes Blatt Papier, Farbstifte, Lineal, Textmarker sowie benötigte Bücher u. Ä., bereit.
2. Wählen Sie das Thema aus und setzen Sie es als Wort, Skizze oder Abbildung in die Mitte des Blattes! Es sollte so groß sein, dass es sich deutlich hervorhebt. Rund herum muss noch ausreichend Platz für die weiteren Begriffe sein. Umranden Sie das Thema deutlich.
3. Wesentliche Gesichtspunkte werden direkt um das Thema herum gruppiert. Hauptäste, das sind dickere Pfeile oder Linien, führen vom Thema zu diesen hin.
4. Weniger wesentliche Faktoren befinden sich weiter außen und werden durch dünnere Linien, die Nebenäste, mit den wesentlichen Gesichtspunkten verbunden.
5. Zeichnen Sie, wenn möglich, jeden Hauptast und seine Nebenäste mit der gleichen Farbe.
6. Versuchen Sie nun, alle Gesichtspunkte und Faktoren mit bildlichen Darstellungen, z. B. Zeichnungen, Fotos, Grafiken o. Ä., zu veranschaulichen.
7. Druckschrift und Großbuchstaben ergeben ein verständlicheres Bild.

Tipp

Wenn es nicht gleich gelingt, die Begriffe bildlich darzustellen, sollte die Mindmap erst einmal mit den einzelnen Wörtern angelegt werden. Danach können die Bilder oder Zeichnungen ergänzt werden.
Die Mindmaptechnik hat Vorteile beim Strukturieren von Informationen. Im Gegensatz zum Clustering (↗ S. 21) ist sie jedoch weniger frei und findet nicht so viele kreative Assoziationen.

Vorteile der Mindmaptechnik

- Durch die Verknüpfung von bildlicher Darstellung und Geschriebenem werden beide Gehirnhälften aktiviert. Dadurch prägen sich die Inhalte besser ein.
- Das Thema wird deutlich herausgestellt.
- Wichtigere Ideen sind näher am Zentrum zu finden.
- Verknüpfungen werden durch Linien klarer sichtbar.
- Die Wiederholung der Inhalte fällt leichter.
- Wesentliche Informationen aus Texten können übersichtlicher und anschaulicher dargestellt werden.
- Die Mindmap prägt sich besser ein als der bloße Text.

„Mind-Mmapping ist für das Zeitalter der Raumfahrt und Computer, was linear strukturierte Konzepte für das Mittelalter und angehende Industriezeitalter waren."
(Buzan ,Tony: Das Mind-Map-Buch. Landsberg: mvg-Verlag, 1996)
Im Netz findet man kostenlose Software zum Erstellen von Mindmaps, z. B.: „freemind" oder „MindManager".

1. *Entwickeln Sie Mindmaps aus vorgegebenen Fließtexten, z. B. Kurzgeschichten.*
2. *Aus Mindmaps können Geschichten entwickelt werden. So können die Begriffe der Mindmap in die Kurzgeschichte mit einfließen. Entwickeln Sie Mindmaps zu vorgegebenen Themen. Schreiben Sie dazu eine Kurzgeschichte.*

Eine Kurzgeschichte (eine Erzählung)/einen Roman schreiben

1. Merkmale von Kurzgeschichten

Auf eine Vielzahl von Kurzgeschichten treffen folgende Kennzeichen zu:

- geringer Umfang, d. h. maximal bis 20 Normseiten, oft weniger,
- kurze Einleitung, die auch fehlen kann, schnelle Überleitung zum Hauptteil,
- Beschreibung von Ort und Zeit oft nur flüchtig,
- oft sachlicher, knapper Schreibstil,
- starker Realitätsbezug,
- Höhepunkt fast immer am Ende der Geschichte,
- meist Schilderung einer konfliktreichen Situation,
- geringe Anzahl handelnder Personen, es stehen nur eine oder zwei Hauptpersonen im Mittelpunkt,
- meist einsträngige, chronologische Handlung.

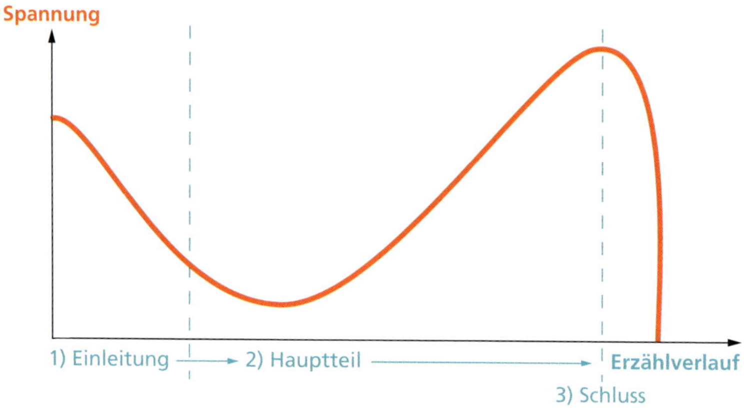

Es gibt grundsätzlich zwei Typen von Kurzgeschichten:

Pointengeschichte	Situationsgeschichte
überraschende Wende – die Pointe – am Schluss	am Ende keine Pointe, am Anfang keine Vorbereitung
vorab versteckte Hinweise auf die Schlusspointe/Wendung in der Geschichte	oft offener Anfang und offener Schluss, keine „unerhörte Begebenheit“
vom Ende her geschrieben	gibt einen kurzen Einblick in das Alltagsleben eines Menschen
hat oft etwas Anekdotisches an sich	verzichtet oft auf dramatische Handlung
Beispiel: „Lammkeule“, Roald Dahl	Beispiel: „Das Brot“, Wolfgang Borchert

2. Aufbau einer idealen Kurzgeschichte

Die ideale Kurzgeschichte besteht aus drei Elementen:

- Einleitung, auch Auftakt,
- Darstellung eines Problems, Aufbau von Spannung, Haupthandlung mit meist nur einem Handlungsrahmen und einem Spannungsbogen,
- Schluss, Pointe, Lösung.

Der Schluss der Kurzgeschichte muss bei einer Situationsgeschichte nicht unbedingt auch mit der Lösung des Problems einhergehen.
Als Erzählperspektive (↗ S. 64) wird in Kurzgeschichten gern die des Ich-Erzählers verwendet.

Darstellung zum Aufbau von Kurzgeschichten

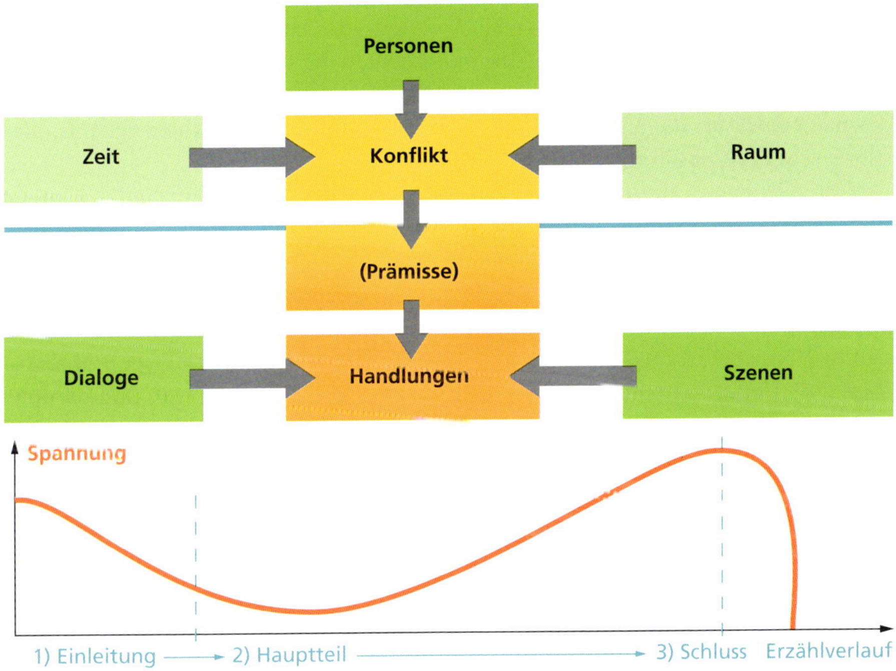

Formmittel einer Kurzgeschichte:

- direkter Erzählanfang,
- lückenhafte Darstellung des Gesamtgeschehens,
- beschränktes Figurenarsenal,
- nüchterner Erzählstil,
- kurze Dialoge der handelnden Personen,
- parataktischer Satzbau – Schreibstil, bei dem Hauptsätze aneinandergereiht werden, Nebensätze fehlen oft,
- realistischer Ansatz.

Beispiel:

„Hallo. Komm rein." Hermine ging vor ihrer Freundin den Flur entlang und legte den Finger auf die Lippen.

„Warum flüsterst du?" Gertrud sah sich um. Alles schien wie immer.

„Ich muss etwas mit dir besprechen. Komm mit." Lautlos schwang die Wohnzimmertür auf. „Hier entlang." Hermines ausgestreckter Arm zeigte durch das dichte Blattwerk der Gummibäume nach draußen. „Schau mal da rüber."

„Was soll da sein?" Mit herabgezogenen Augenbrauen versuchte Gertrud, etwas Ungewöhnliches zu erkennen, aber alles war wie gehabt. [...]

Gertrud schob ihre Habichtsnase zwischen zwei dunkelgrün glänzenden Blättern hindurch dichter an das Glas und drückte mit der Spitze des Mittelfingers die Brille nach oben. „Ich sehe nichts Außergewöhnliches." Mit einem Ächzen streckte sie den Rücken und drehte sich zu ihrer Freundin um.

„Das ist es ja gerade!" Hermine riss die Augen weit auf und schob das Kinn nach vorn, während sie weiterredete. „Seit Tagen herrscht da drüben verdächtige Ruhe! Ich habe den Herrn Bergmann seit mindestens –", sie kratzte sich unter dem Ohr, „– Freitag nicht gesehen! Und sein Auto steht Tag und Nacht in der Garage!"

„Woher willst du das wissen? Das Garagentor ist zu." Gertrud neigte ihr Gesicht wieder nach vorn, bis die Nasenspitze die Scheibe fast berührte, als versuche sie, das silbrig schimmernde Tor mit Blicken zu durchbohren.

„Ich weiß es eben." Hermine seufzte entnervt. „Jörg Bergmann fährt jeden Morgen fünf nach sieben auf Arbeit. Und kommt nachmittags so gegen vier, halb fünf wieder. Aber früh –", jetzt steigerte sich die Lautstärke mit jedem Wort, „früh macht er sich immer pünktlich auf den Weg!"

„Vielleicht ist er krank?"

„Krank? Das glaubst du doch selber nicht! Ein Bär von einem Mann! Der und krank! Niemals!" Hermine bemerkte, wie laut sie inzwischen geworden war, und dämpfte ihren Tonfall wieder zu einem Zischeln. „Nein, Gertrud, ich bin überzeugt, da stimmt was nicht!"

„Wenn du denkst ... Wollen wir nicht erst einmal in Ruhe Kaffee trinken?"

„Gute Idee. Ich erzähle dir den Rest in der Küche." Ihre geblümte Kittelschürze glattstreichend, marschierte Hermine vornweg. „Ich hätte mir gar nichts dabei gedacht. Aber vorgestern kam so ein Krimi im Fernsehen. Der Mann ist dauernd fremdgegangen. Wenn er mal zu Hause war, hat er sich sinnlos betrunken und dann im Suff sogar die Hand gegen seine Frau erhoben. Stell dir das vor!" [...] „Eines Nachts hat sich die Frau gewehrt und ihn zurückgestoßen. Der Typ ist mit dem Kopf gegen den Herd gekracht und hat sich das Genick gebrochen."

„Nein!"

„Doch. Genauso. Der Jörg trinkt auch gerne mal einen über den Durst. Und Streit haben die Zwei auch ab und zu. Ich kann das nämlich im Sommer hier bestens hören, wenn die sich da drüben bei geöffneten Fenstern anschreien."

„Und nun glaubst du ...?" Gertrud führte den Satz nicht zu Ende. Ihre Augen waren weit aufgerissen, während sie zusah, wie die Freundin bedächtig den Kopf hin und her wiegte. [...]

(Puhlfürst, Claudia: „Schlachtfest". In: „Mords-Sachsen 2". Meßkirch: Gmeiner Verlag, 2008.)

3. Das Schreiben einer Kurzgeschichte

„Es gibt drei Regeln, wie ein Roman zu schreiben ist. Unglücklicherweise weiß niemand, welche dies sind.“ (WILLIAM SOMERSET MAUGHAM)

Vor dem Schreiben:
Die Themen von Kurzgeschichten sind sehr unterschiedlich. Zuerst sollte ein **Thema** gefunden werden. Es gibt Kriminal-, Science-Fiction-, Alltags-Kurzgeschichten …

Tipp

Digitalisierte Kurzgeschichten finden Sie hier:
http://gutenberg.spiegel.de/index.php?id=9&genre=shortstory
Auch die Kurzgeschichtensammlungen von Henry Slesar eignen sich als Beispiele, z. B. „Erlesene Verbrechen und makellose Morde“, „Ein Bündel Geschichten für lüsterne Leser“, „Schlimme Geschichten für schlaue Leser“, „Coole Geschichten für clevere Leser“, „Fiese Geschichten für fixe Leser“ u. a.

Man sollte vorher einige Anhaltspunkte festlegen:

- Was will ich dem Leser vermitteln? Welches soll die **Kernaussage** der Kurzgeschichte sein? (Schicksalhaftes Ereignis, Konflikt o. Ä.)
- Welche **Hauptpersonen** sollen vorkommen? Welche wichtigen Eigenschaften tragen zur Geschichte bei? Eine Figurenübersicht (↗ S. 54 f.) ist nützlich. Zu viele Figuren in einer Kurzgeschichte verwirren den Leser.
  Man kann vorab
  - Die Hauptfiguren der Geschichte benennen,
  - Steckbriefe für die Figuren (bei längeren Geschichten) verfassen,
  - ein Diagramm einer Figurenkonstellation anfertigen.
- Zu welcher **Zeit** und an welchem **Ort** spielt die Geschichte? Vor dem Schreiben kann man:
  - die Kennzeichen des Schauplatzes, wesentliche, auffällige Merkmale benennen,
  - die Gegend charakterisieren, in der sich die Handlung abspielt,
  - eventuell Skizzen des Schauplatzes anfertigen, z. B. eine Wegeskizze, Lageskizze des Grundstücks, Grundriss und Zimmerverteilung des Hauses.

- Die **Erzählperspektive** (↗ S. 64) sollte vor dem Schreiben feststehen. Bei Kurzgeschichten sollte ein auktorialer, allwissender Erzähler vermieden werden – das schafft unnötige Distanz zum Leser.
- Bei Pointengeschichten (↗ S. 50): den **Spannungshöhepunkt** charakterisieren.
- Für längere Geschichten und Romane: **Handlung** in einer Inhaltsangabe, einem Exposé skizzieren.

Beim Schreiben der Geschichte gilt es zu beachten:

- rascher Einstieg in das Geschehen, möglich sind auch: Zitate, Metaphern, Lehrsätze,
- fortlaufend, chronologisch schreiben, Rückblenden oder Reflexionen vermeiden,
- bei Pointengeschichte: Spannungsbogen ununterbrochen bis zum Ende steigern.

Steckbriefe für Figuren – am Beispiel einer Detektivgeschichte/eines Kurzkrimis

Tipp *Im Vorfeld sollte die Tat, um die es in der Geschichte gehen soll, festgelegt werden (Mord, Raub, Entführung ...).*

Vor dem Schreiben kann eine **Figurenübersicht** der Hauptfiguren entwickelt werden. Dabei geht man folgendermaßen vor:
Wer wird überhaupt alles gebraucht?

- **Hauptfiguren:**
  Täter, es können auch mehrere sein,
  Opfer, nur dann, wenn es nicht um Sachdelikte geht.
- **Randfiguren:**
  weitere Verdächtige,
  Figuren aus dem Umfeld des Opfers,
  Figuren aus dem Umfeld des Täters.

Beispiel für einen Steckbrief:

Figur 1	Rolle in der Geschichte
Name	
„Spitzname"	
Alter	
Größe	
Familienstand – Familienmitglieder	
Beruf (Tätigkeit)	
besondere Kennzeichen: unverwechselbare, möglichst sichtbare Merkmale, an denen der Leser die Figur wiedererkennt	z. B.: Sprachfehler, Narben, Kleidungsvorlieben, Körpergröße, auffällige Gesichtszüge/Haarfarbe *Hinweis:* Nicht übertreiben! Nicht zu viele auffällige Merkmale verwenden. Meist reicht ein Charakteristikum aus.
Motiv für die Tat	Wenn der Genannte als Verdächtiger infrage kommt (Neid, Geldgier, Rachsucht, Eifersucht sind klassische Motive)

Tipp *Es müssen nicht unbedingt alle Felder ausgefüllt werden. Anschließend kann man **weitere Figuren** mittels Steckbrief charakterisieren.*

1. Erstellen Sie Steckbriefe zu Figuren aus vorgegebenen Kurzgeschichten.

4. Überarbeiten der fertigen Geschichte

Nach dem Schreiben:

- kontrollieren, ob alles stimmt, kürzen, ändern, Dialoge und Situationen prüfen,
- versuchen, die Handlung zu verdichten, Füllwörter entfernen, unnütze Adjektive ausmerzen,
- Konflikte verstärken.

Dialoge überprüfen

Im Gegensatz zur allgemein verbreiteten Auffassung ist der Dialog keine Wiedergabe der wörtlichen Rede; er ist die Kunstform der wörtlichen Rede. Lesen Sie Ihre Dialoge. Sie müssen in Ihrer Dialogschilderung zwei Dinge gleichzeitig meistern: die Charakterzeichnung und die fortlaufende Handlung.

Prüfen Sie beim Überarbeiten folgende Punkte:

- Sind die Dialoge der Figuren mit ihrem jeweiligen Hintergrund vereinbar?
- Erzeugen die Dialoge Spannung oder wecken sie die Neugier des Lesers?
- Steuern die Dialoge auf die Pointe/die Wendung zu?
- Sind in den Dialogen Echos enthalten? Streichen Sie diese.
  Beispiel für Echos:
  Er: „Wir haben uns ja ewig nicht gesehen!"
  Sie: „Da hast du recht, wir haben uns ewig nicht gesehen!"

Es ist unnötig, in Dialogen ständig den Sprecher zu benennen. Dies sollte sich aus dem Text ergeben.

Geschilderte Situationen überprüfen

Bei der Schilderung von Situationen geht es darum, die Geschichte sichtbar zu machen, ihr Leben zu verleihen. Eine Geschichte ist zwar etwas, das „erzählt" wird, der Leser erwartet jedoch ein authentisches Erlebnis beim Lesen, er will selbst miterleben, ein Bild gewinnen, mitfiebern. Lesen Sie Ihren Text erneut. Prüfen Sie dabei das Geschehen, das Sie beschrieben haben:

- Kann der Leser beim Lesen **sehen,** was passiert? Haben Sie anschaulich, in Bildern, geschrieben?
- Spricht der Autor wie eine „Stimme aus dem Off" zum Leser, erklärt dem Leser in einer Art Kommentar die Handlung? Beschreibt der Autor die Situation, statt sie dem Leser zu zeigen?
- Schildert der Autor die Gefühle der Figuren mit Worten, anstatt sie durch die Handlung deutlich zu machen?

Ändern Sie dies, indem Sie mittels sichtbarer, hörbarer, fühlbarer Dinge zeigen, was die handelnden Personen empfinden.

Eine handelnde Person ist nervös. Schreiben Sie nun nicht: *„XY war sehr nervös."* Zeigen Sie die Nervosität der Person: Lassen Sie es den Leser sehen, z. B. *„XY legte den Stift hin und nahm ihn wieder in die Hand, nur um ihn kurz darauf erneut auf den Tisch zu legen. Er trommelte mit den Fingern auf den Tisch, atmete hörbar und fuhr sich mit dem Handrücken über die Stirn"* usw.

Lassen Sie das, was eine Person in der Geschichte sieht, hört, riecht, spürt und schmeckt, in der Handlung deutlich werden. Gern werden z. B. Menschen oder einzelne Kennzeichen mit bestimmten Tieren, z. B. „Frettchen“, „Vogelaugen“ usw. verglichen. Verwenden Sie solche Ausdrücke sparsam. Suchen Sie ähnliche/verwandte Bezeichnungen. Oft ist ein ausführlicherer Text besser geeignet, ein Bild entstehen zu lassen:

„Die Frau machte Wasser heiß.“ Das ist eine Mitteilung. Etwas wird erzählt.
Besser wäre: *„Die Frau stellte den Topf mit Wasser auf die Herdplatte.“*
Noch anschaulicher ist: *„Die Frau ließ Wasser aus dem Hahn in den Kessel laufen und summte vor sich hin, bis das Brodeln im Kessel ihr Summen übertönte.“*
So entsteht ein Bild.
Oder noch anschaulicher: *„Die Frau erhitzte das Wasser in einem Topf ohne Deckel, sodass sie zusehen konnte, wie Blasen tanzten und aufsprudelten.“*

Streichen Sie Klischees

Ein Klischee ist ein abgedroschenes Bild, eine überbeanspruchte Redensart. Es macht Texte schablonenhaft, langweilig und oberflächlich, das Gelesene wirkt nicht lebendig, sondern flach. Beispiele:

eine schwere Verwüstung; es ist nicht alles Gold, was glänzt; danach wird nichts mehr so sein wie früher; schnell rennen; durch die Hölle gehen.

In Augusten Burroughs Roman „Trocken!“ wird ein Klischee an das nächste gereiht, die dazugehörende Rezension ist von Stephan Maus.

Füllwörter streichen, Tautologien vermeiden

Füll- oder Blähwörter blähen den Text unnötig auf und überfrachten ihn. Sie können meist ersatzlos gestrichen werden. **Tautologien** oder **Pleonasmen** bezeichnet man im Deutschen auch mit „doppelt gemoppelt“. Ein Sachverhalt, ein Ding wird mit einem sinngleichen oder sinnverwandten Ausdruck wiederholt: „tote Leiche“, „neu renoviert“, geplantes Vorhaben“, „nie und nimmer“.

Beispiele für Füllwörter:
allem Anschein nach, allemal, allenfalls, an und für sich, bekanntlich, bestenfalls, das ist (gar) keine Frage, demgegenüber, demgemäß, durchaus, entsprechend, gänzlich, gewissermaßen, hinlänglich, im Allgemeinen, im Grunde (genommen), im Prinzip, in gewisser Weise, insofern, jedenfalls, letztlich, mehr oder weniger, nämlich, offenkundig, offensichtlich, ohne Weiteres, quasi, rundheraus, samt und sonders, schlichtweg, selbstredend, unmaßgeblich, unzweifelhaft, vermutlich, voll und ganz

Tipp *Hier können Sie im Netz Ihren Text auf Füllwörter überprüfen lassen:*
http://www.philognosie.net/index.php/tests/testsview/135/

Tipp

Kein Nominalstil

Der Nominalstil verzichtet auf den Gebrauch von Verben und verwendet stattdessen Nominalgruppen. Der Text klingt nach Beamtendeutsch, nach Behörde, und wirkt statisch und hölzern:

zur Anzeige bringen statt anzeigen,
die Durchführung der Prüfung statt durchführen,
die Anordnung der Abschiebung statt anordnen, abschieben,
die Inaugenscheinnahme statt in Augenschein nehmen,
das Vorhaben des Zusammentreffens statt zusammentreffen,
die Einführung von Technologien statt einführen,
die Steuerung der Vorgänge statt steuern.

Passivkonstruktionen vermeiden

Das Passiv bezeichnet man auch als die Leidensform eines Verbs, z. B.: „Das Pferd wird vom Reiter geritten." Die Passivform macht Sätze schwerfällig und bremst den Lesefluss besonders dann, wenn die Handelnden erwähnt werden.

Das muss von uns genauestens untersucht werden. (Das müssen wir untersuchen.)
Es ist mir leider ein Fehler passiert. (Ich habe einen Fehler gemacht.)
Es ist uns leider nicht möglich, Ihren Wünschen zu entsprechen. (Wir können Ihren Wünschen leider nicht entsprechen.)
Heute hat sie einen Einkaufsbummel vorgesehen. (Heute will sie einkaufen gehen.)

„Hauptsätze! Hauptsätze! Hauptsätze!"

(Kurt Tucholsky: „Ratschläge für einen guten Redner")

Hauptsätze sind leichter verständlich, weil sie die Chronologie wahren, sie klingen lebendiger. Bandwurmsätze mit zu vielen Nebensätzen und zu vielen Wörtern verärgern den Leser. Auch lange oder abstrakte Wörter und Fremdwörter statt deutscher Ausdrücke hemmen Lesefluss und Lesevergnügen. Bei Satzkonstruktionen sind Schachtelsätze am schwersten zu verstehen.

„Der Deutschlehrer braucht 20 Wörter, der Journalist 10, der Werber fünf."

(Prof. Dr. Dieter Herbst, „16 Regeln für guten Stil")

Fremdwörter vermeiden

Fremdwörter sind häufig Modewörter. Ihr einziger Sinn besteht oft darin, den Sprecher fachmännischer erscheinen zu lassen. Besonders bei Managern und im Marketingbereich werden für einfache Begriffe englische Fachwörter oder – schlimmer noch – Neuschöpfungen, Pseudofachbegriffe, benutzt.

Beispiele: Backoffice, Branding, Coaching, learning by doing, Briefing, Mobbing, Download, downloaden, outsourcen, Relaunch, After-Work-Party, Eyecatcher

Weg mit unnützen Adjektiven und Adverbien

„Wenn Sie ein Adjektiv sehen, bringen Sie es um!“

(Mark Twain in einem Brief an D. W. Bowser)

Adjektive, das sind Eigenschafts- oder Beiwörter, in Form von qualifizierenden Adjektiven und Adverbien also Umstands- oder Nebenwörter, sind nur dann nützlich, wenn sie neue Informationen oder nähere Beschreibungen liefern. In der deutschen Sprache gibt es eine große Anzahl von Konjunktionen und Adverbien. Viele Adjektive und Adverbien in Geschichten sind überflüssig. Wenn jemand spricht: „So war das dann eben“, muss der Autor nicht hinzusetzen, dass er das „lakonisch sagt“, denn dies ergibt sich von allein. Besonders vermeiden sollte der Schreibende Adjektive, deren Sinn bereits im Substantiv enthalten ist:

lautes Geschrei, wirkungsloser Placebo, eine dunkle Ahnung, eine feste Überzeugung, ein weißer Schimmel.

„Schreiben Sie kurze Sätze: Hauptwort, Verbum, Objekt: fertig! Bevor Sie ein Adjektiv schreiben, kommen Sie zu mir in den dritten Stock und fragen, ob es nötig ist!“

(George Clemenceau, Herausgeber der Zeitung „L'Aurore“)

Monotonie vermeiden

Monotonie im Satzbau, im Rhythmus und in den Inhalten führt dazu, dass sich der Leser ganz schnell langweilt.

„*Er* trug eine Schützenuniform und trank sein sechstes Bier. Was hatte ihm dieser Bertram gesagt? Bernd, zieh dich warm an, in einem halben Jahr bist du tot. Nun hatte *er* sich warm angezogen und der Schweiß klebte ihm unter der Nase. *Er* kam sich dreckig vor und wie ausgestopft. *Er* wusste nicht, was *er* machen sollte. *Er* fühlte sich nicht krank, nur ausgelaugt und betrogen. *Er* wusste noch, wie *er* zum ersten Mal diesen Klempner in der Sauna getroffen hatte.“

1. *Analysieren und vergleichen Sie Kurzgeschichten deutscher Autoren. Digitalisierte Kurzgeschichten finden sich hier:*
   http://gutenberg.spiegel.de/index.php?id=9&genre=shortstory,
   http://zeno.org/Literatur,
   http://de.wikisource.org/wiki/Hauptseite,
   http://ngiyaw-ebooks.org.
2. *Finden Sie stilistisch „schlecht geschriebene“ Geschichten. Analysieren Sie, was daran „schlecht“ ist.*
3. *Überprüfen Sie die Qualität von Geschichten anhand einer Literaturkritik. Analysieren Sie dazu die Rezension von Jochen Strobel auf der Internetseite:*
   http://www.literaturkritik.de/public/rezension.php?rez_id=7015&ausgabe=200404
4. *Schreiben Sie selbst eine solche stilistisch „schlechte Geschichte“.*

4 Kreatives Schreiben nach literarischer Vorlage

4.1 Überblick

Das kreative Schreiben nach einer literarischen Vorlage ist neben dem freien kreativen Schreiben die schwierigste Form. Es gibt meist ein engmaschiges Netz von Vorgaben, die einzuhalten sind, was freier Kreativität widerspricht.

1. Vor dem Schreiben ist eine **genaue Textanalyse der literarischen Vorlage** nötig. Die literarische Vorlage wird nach folgenden Gesichtspunkten analysiert und interpretiert:
   - Schauplatz/Schauplätze (Ort),
   - Erzählperspektive,
   - Erzählstil und Sprache,
   - Personen,
   - Konfliktkonstellationen.

2. Im nächsten Schritt muss die **konkrete Aufgabenstellung** formuliert werden, um die Bearbeitungsvorgaben zu erfassen. Die literarische Vorlage kann nach zwei Aspekten bearbeitet werden:

enge Bindung an das literarische Original in Bezug auf	**kreative Freiheit in Bezug auf** (Das Geschriebene soll sich trotzdem harmonisch, organisch und logisch einfügen.)
– Personen und ihre Konstellation – Erzählzeit – Erzählperspektive – Konflikte	– Hinzufügen neuer Person(en), neue Konstellationen – Zeitsprünge oder Zeitveränderung – veränderte Erzählperspektive – andere/neue Konflikte

3. Die **Bearbeitung der literarischen Vorlage**

Tipp

Es empfiehlt sich, immer nur EINE der in der Tabelle aufgelisteten Veränderungen vorzunehmen. Überprüfen Sie genau die Aufgabenstellung, wenn Sie im Unterricht einen Text verändern sollen.

Beim eigenen, kreativen Gestalten nach literarischen Vorlagen sollten **nicht alle Schritte auf einmal** vollzogen werden. Um den kreativen Prozess nicht zu blockieren, sollten Sie methodisch abwechslungsreich arbeiten. Es hat wenig Sinn, alle Kategorien auf einmal zu erfassen und nachfolgend zu bearbeiten. Mangelnde Fokussierung führt zu oberflächlicher Betrachtung der Inhalte.

Bearbeitung innerhalb der Vorlage	**Bearbeitung außerhalb der Vorlage**
Zeit	
innerhalb der Zeit der literarischen Vorlage: – Was darf in der Bearbeitung geschehen, das sich logisch in den Handlungsablauf einfügt? – Wie denken, handeln oder fühlen die beteiligten Personen jetzt?	**vor der Zeit der literarischen Vorlage:** – Wie kann ein nahtloser Übergang zum vorgegebenen Text geschaffen werden? – Wie denken, handeln oder fühlen die beteiligten Personen vor der ursprünglichen Geschichte?
Schauplatz	
Verwendung des im Original vorkommenden Schauplatzes/der Schauplätze: – Welche Funktion hat der Originalschauplatz (Ort) in der literarischen Vorlage? – Welche charakteristischen Kennzeichen hat der Originalschauplatz (Ort)? – Wie lassen sich Funktion und Charakteristika in die Bearbeitung einfügen?	**Verwendung neuer Orte:** – Passt der neue Schauplatz zum vorhandenen Handlungsablauf? – Passt der neue Schauplatz zur Konfliktsituation und den vorhandenen Personen? – Wie wirkt sich der neue Schauplatz auf die Handlung aus?
Erzählperspektive	
1. Welche Erzählperspektive wird im Ausgangstext verwendet? (↗ S. 65) 2. Was weiß der Erzähler? 3. Wie teilt er es dem Leser mit?	
Erzählperspektive wie im Original: – Welche Erzählperspektive wird im Original verwendet? Wodurch ist diese gekennzeichnet? – Welche Sprache verwendet die Perspektivgestalt? Wie erzählt sie?	**Perspektivwechsel gegenüber dem Original:** – Welche Erzählperspektive wird im Original nicht verwendet? – Kann die literarische Vorlage durch eine andere Perspektivgestalt beschrieben werden?
Personenkonstellation	
Einzelpersonenanalyse: – Wie handeln, sprechen, fühlen, denken die Personen in der literarischen Vorlage? – Welche Ziele verfolgen sie? – Welche Motive liegen ihren Handlungen zugrunde? – Wie werden die Personen in der literarischen Vorlage von anderen gesehen? – Wie reagieren sie in bestimmten Situationen?	

Analyse der gesamten Personenkonstellation: – Welches Verhältnis haben die Personen zueinander? – Welche Konflikte, Zuneigungen, Abneigungen existieren? Hinweis: Hier empfiehlt sich die Erstellung eines Soziogramms. (↗ S. 68)

Personenkonstellation wie in der literarischen Vorlage: – Wie denken, handeln oder fühlen die beteiligten Personen? – Welche Ziele und Motive haben die beteiligten Personen? – Auf welchem Entwicklungsstand befinden sich die beteiligten Personen? – Welche Situationen, Orte, Handlungen sind typisch? – Können die charakteristischen Merkmale der vorhandenen Personen sinnvoll verändert werden?	**neue Personenkonstellation – Weiterentwicklung von Figuren:** – Wie ist das Verhältnis der beteiligten Personen zueinander? (Zuneigung/Abneigung, Konflikte) – Wie sind die Konstellationen in der literarischen Vorlage? – Wie lassen sich Charaktereigenschaften der Personen sinnvoll verändern? – Wie lassen sich Konstellationen und Verhältnis verändern?

Konflikte

Konflikte gleich/ähnlich der literarischen Vorlage: – Wie weit ist der Konflikt in der literarischen Vorlage entwickelt? – Wie kann der Konflikt im vorgegebenen Rahmen weiterentwickelt werden?	**neue Konflikte:** – Wie weit ist der Konflikt in der literarischen Vorlage entwickelt? – Welche neuen Konflikte passen zur literarischen Vorlage?

Nach der genauen Textanalyse können folgende Abwandlungen versucht werden:

- eine veränderte Situation oder
- eine neu hinzugefügte Person oder
- eine veränderte Personenkonstellation oder
- ein Zeitwechsel in einer Handlungssequenz ...

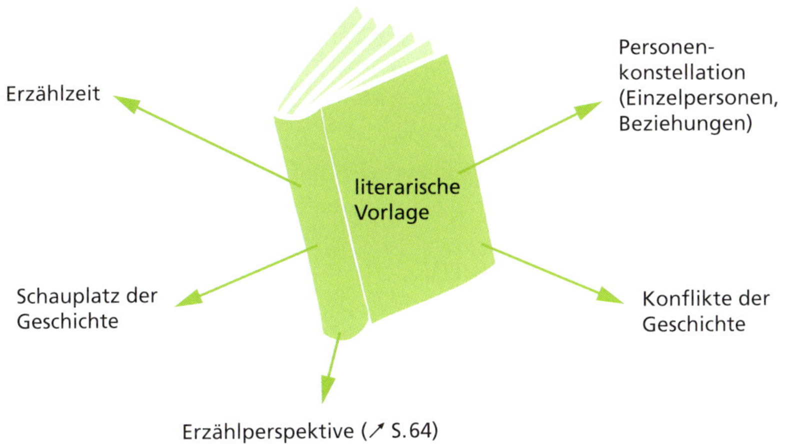

Einige Beispiele für kreative Textbearbeitungsmöglichkeiten:

1. **Das fiktive Tagebuch** (Wechsel der literarischen Gattung, ↗ S. 70)
- Analysieren, wie eine literarische Figur der Vorlage ein bestimmtes Ereignis sieht, wertet oder verarbeitet.
- Diese persönlichen Ansichten können in einem Tagebucheintrag der betrachteten Figur festgehalten werden.
- Sprachliche Vorgaben der Vorlage sind dabei zu beachten.

2. **Anfertigen eines Märchentextes** (↗ S. 73)
- Struktur, Personengestaltung und Handlungsabläufe von Märchen sollten im Vorfeld erarbeitet worden sein.
- Man kann entweder ein vorgegebenes Märchen vervollständigen oder
- ein neues Märchen aufgrund der Vorgaben der Vorlage schreiben.

3. **Reduzierung eines Textes auf absolut notwendige Stichworte** (↗ S. 71)
- Précis: Verkürzung eines Textes auf einen definierten Umfang, z. B. von 500 auf 50 Wörter;
- Wiedergabe wesentlicher Gedanken der Vorlage, ohne Veränderung der Bedeutung, ohne Interpretation;
- zusammenhängenden Text verfassen;
- direkte Rede, wenn nötig, in indirekter Form wiedergeben;
- persönlichen Stil der Prosaart beibehalten;

4. **Schreiben eines Dialogs zwischen Protagonisten**
- Im Anschluß an die Analyse der Personen/Personenkonstellationen erfolgt die Entwicklung eines Dialogs zwischen beteiligten Personen. Es beginnt mit zwei, kann auf drei bis vier gesteigert werden.
- Nicht mehr als vier Personen verwenden, da dies zu Verwirrungen führt.
- Weitere Personen, die in der literarischen Vorlage auftreten, können hinzugezogen werden.

Alternative Formen sind z. B.:
- eine Vorgeschichte,
- eine Fortsetzung,
- ein Wechsel der literarischen Gattung: Reportage, Glosse,
- eine Verkehrung der literarischen Vorlage ins Gegenteil,
- eine Parallelgeschichte (↗ S. 74),
- ein Brief an einen Protagonisten (↗ S. 71),
- der innere Monolog einer Figur,
- Wechsel der Erzählperspektive.

1. *Schreiben Sie den Dialog aus einem vorgegebenen Beispieltext weiter.*
2. *Schreiben Sie die Szene aus dem vorgegebenen Theaterstück weiter, setzen Sie die Handlung fort. Vergessen Sie die Regieanweisungen nicht.*

4.2 Methoden des kreativen Schreibens nach literarischer Vorlage

Aktualisierung einer literarischen Vorlage

Einen literarischen Stoff zu aktualisieren ist eine wichtige Methode zur Annäherung und zum Verständnis der literarischen Vorlage.
Die Inhalte der Vorlage können auf unterschiedliche Weise transformiert werden:

- Transformation in jetzige Zeit und/oder
- Transformation in eigene Gegend, z. B. Stadt, Land, Kontinent,
- Transformation in heutige Lebensumstände oder -gewohnheiten.

Eine Aktualisierung setzt die exakte Analyse der literarischen Vorlage voraus:

- Schauplatz/Schauplätze, Handlungsort oder -orte,
- Handlungszeit,
- Erzählperspektive,
- Erzählstil und Sprache,
- Personen – Charaktere und Motive,
- Konfliktkonstellationen – Umstände, welche die Handlung beeinflussen.

Anschließend kann man entscheiden, was heute gleich oder vergleichbar, ähnlich oder auch anders ist. Die Analyse der literarischen Vorlage schärft den Blick für das Veränderliche und das Zeitlose in der Literatur und schafft so Transparenz für das Wesentliche.

Aktualisierungen werden häufig von **Theater- und Filmregisseuren** vorgenommen, aber auch von Schriftstellern, die eine Modernisierung der Handlungszeit vollziehen und die Inhalte/Konflikte/Themen der literarischen Vorlagen in unsere Zeit verlegen und umgestalten.
So entsteht eine Neuerzählung – also der Transfer der literarischen Vorlage in unsere Zeit. Dies hat für den Leser den Vorteil der besseren Identifikation mit den Handlungen und Figuren. Der Schreibende muss sich bei einer Aktualisierung einer literarischen Vorlage in Figuren und Handlung hineinversetzen, sich in Situationen, Charaktere und Konflikte einfühlen.

Ausgewählte Beispiele zu „Romeo und Julia“:

- „Romeo und Julia“, Original von William Shakespeare (1597)
- Novelle: „Romeo und Julia auf dem Dorfe“ von Gottfried Keller (1856)
- Ballett: „Romeo und Julia“ von Sergej Prokofjew (1935)
- Musical und Film: „West Side Story“ von Leonard Bernstein (1957)
- Film: „Romeo + Juliet“ von Baz Luhrmann (1996)

1. *Suchen Sie weitere Beispiele für Aktualisierungen z. B. bereits bestehender, älterer Filmstoffe, Theaterwerke, literarischer Stoffe!*
2. *Verfassen Sie eine Aktualisierung zu einem historischen Werk (zu Teilen).*

Erzählperspektive und Perspektivwechsel

Die Handlung einer Geschichte wird immer aus dem Blickwinkel erzählt, den der Autor vorschreibt. In der Literaturwissenschaft nennt man dies die **Erzählperspektive.** Sie gibt Antworten des Autors auf folgende Fragen des Lesers: „Wer spricht?" „Wo spricht er?" „Wie sieht der Erzähler das Geschehen?".

Die Erzählperspektive, Englisch: point of view, übermittelt dem Leser:
- die Figuren oder Protagonisten,
- die Schauplätze
- und den Handlungsablauf , d. h. Plot der Geschichte.

Die Erzählperspektive ist also kurz gefasst eine Antwort des Autors auf die Frage des Lesers: „Wer erzählt die Geschichte/wer spricht zum Leser?"
Im Roman wird eine Fülle von Erzählperspektiven verwendet, die sich auf **drei Grundformen** reduzieren lassen:

A **Auktorialer (unabhängiger) Erzähler**	B **Ich-Erzähler**	C **Personaler Erzähler**
– ist allwissend, – betrachtet die Geschichte von außen, – nimmt eine unabhängige Position ein, – schaut in die Figuren hinein, kann erzählen, was sie denken und fühlen.	– Eine Figur (Hauptfigur, der Protagonist) spricht direkt zum Leser. – Protagonist erzählt in der ersten Person, der sogenannten „Ich-Perspektive".	– Die Figuren innerhalb der Geschichte berichten über andere Protagonisten. – Die Figuren innerhalb der Geschichte erzählen die Handlung.

A Der unabhängige Erzähler – auktoriale Erzählsituation

Die auktoriale Erzählweise kann bis in die Antike zurückverfolgt werden. Solche Strukturen finden sich bereits im Gilgameschepos oder später bei Homer. Die auktoriale Erzählsituation wird von einem unabhängigen Erzähler geschildert. Er hat alle Freiheiten, dem Leser die Geschichte zu erzählen.

Merkmale des auktorialen Erzählers:
- gehört nicht selbst zu der Geschichte, die er erzählt, sondern tritt als Urheber und Vermittler in Erscheinung,
- berichtet über handelnde Personen in der dritten Person,
- nimmt die Position des Allwissenden, alles Beobachtenden ein,
- blickt über die Köpfe der Protagonisten hinweg – „göttliche Sichtweise",
- wechselt Zeit und Geschehen beliebig,
- kann dem Leser Informationen, die außerhalb der Erkenntnisse der Protagonisten liegen, mitteilen, so weiß/erfährt der Leser mehr über die Handlung als die Handelnden selbst,
- wahrt Distanz zum Thema, identifiziert sich nicht mit den Protagonisten.

B Der Ich-Erzähler – die Ich-Perspektive

Der Ich-Erzähler wird eingesetzt, wenn der Autor eine Identifikation des Lesers mit dem Erzähler erreichen will. Daher ist diese Form der Erzählperspektive wohl die authentischste Möglichkeit, Inhalte zu transportieren.

Merkmale des Ich-Erzählers:

- Der Ich-Erzähler ist handelnde Figur – **„erlebendes Ich"** und gleichzeitig der Erzähler der Geschichte – „erzählendes Ich"; das **„erzählende Ich"** ist oft die erfahrenere und reifere Version des „erlebenden Ichs".
- Er erzählt in der ersten Person.
- Er kann Hauptfigur oder Nebenfigur sein.
- Er verwendet die direkte Rede, oft ohne Kennzeichnung durch Satzzeichen.
- Er gibt seine subjektiven Gefühlszustände, Meinungen und Sichtweisen wieder.

Die Herausforderung für den Autor besteht darin, dem Ich-Erzähler einen eigenständigen Charakter zu verleihen. Das ist z. B. möglich, indem dieser ihm eine eigene Sprachdynamik verleiht, das Markenzeichen des Ich-Erzählers. Diese Erzählweise wird vom Leser als nah und direkt empfunden, daher besteht aber auch die Gefahr, dass der Leser den Ich-Erzähler ablehnt.

C Der personale Erzähler

In der personalen Erzählsituation tritt der Erzähler in den Hintergrund. Er ist damit kaum wahrnehmbar, weil beim Leser der Eindruck entstehen soll, dass sich die Geschichte von selbst erzählt. Die personale Erzählstruktur eignet sich besonders für Handlungen, in denen die Story und nicht die Sprache im Vordergrund steht.

Merkmale des personalen Erzählers:

- Die Anwesenheit des Erzählers wird dem Leser nicht bewusst.
- Der Plot wird durch die Protagonisten erzählt, der Autor verschwindet hinter der Textkulisse.
- Der Leser ist unabhängig.
- Der personale Erzähler ist variabel, flexibel, erlaubt die Sicht auf das Geschehen von allen Seiten.
- Er mischt sich nicht durch Kommentare oder Vorhersagen ins Geschehen ein.
- Er tritt nicht in Interaktion mit dem Leser.

Welche Perspektive für welche Story?

Beim kreativen Schreiben kann man sich mit der Ausgangsliteratur durch einen Perspektivwechsel auseinandersetzen. Der Autor verwendet einen Ausschnitt aus dem Text und versucht, diesen in die verschiedenen Erzählperspektiven zu transportieren. Geschichten mit Ich-Erzähler können bei der Bearbeitung in Geschichten mit auktorialem Erzähler umgewandelt werden und umgekehrt. Die Sicht auf die Dinge ändert sich.

1. *Suchen Sie in der Literatur nach Beispielen für auktoriale Erzähler, Ich-Erzähler und personale Erzähler. Schreiben Sie selbst eine Geschichte mit gleicher Handlung aus drei unterschiedlichen Perspektiven.*

Die Erzählperspektive am Beispiel

<table>
<tr><th>A
Auktorialer Erzähler</th><th>B
Ich-Erzähler</th><th>C
Personaler Erzähler</th></tr>
<tr><td>Hier weiß und sieht der Erzähler alles, kennt alle Gedanken der Figuren und kann die geheimsten Informationen an die Leser weitergeben.</td><td>Der Erzähler ist gleichzeitig handelnde und erzählende Person.</td><td>Die Geschichte wird aus der Sicht einer handelnden Figur erzählt.</td></tr>
<tr><td colspan="3">Beispiel</td></tr>
<tr><td>Jeannine fühlte sich elend, krank. In ihrem Kopf klopfte und hämmerte es, als würde er von einem Vorschlaghammer bearbeitet. Sie konnte sich partout nicht erinnern, wer ihr diesen Schlag verpasst hatte. Zwei Spaziergänger hatten das Mädchen bewusstlos im Park gefunden, unter einem Rhododendronstrauch, allein, blutend.
Jeannines Vater sah sie sorgenvoll an. Falten kräuselten sich auf seiner Stirn. Sie sieht schwer mitgenommen aus, dachte er.

Die ersten Sätze beschreiben Jeannines Zustand.
Der vierte Satz ist ein Kommentar des allwissenden Erzählers.
Im fünften und sechsten Satz beschreibt der Erzähler Aussehen und Gedanken von Jeannines Vater.</td><td>Ich (Jeannine) fühle mich hundeelend.
In meinem Kopf klopft und hämmert es, als hätte ihn ein Vorschlaghammer bearbeitet. Wer hat mir bloß diesen Schlag verpasst? Die frische Wunde auf der Stirn pocht, die Haut fühlt sich geschunden an. Ich kann mich an überhaupt nichts erinnern, während ich in das bekümmerte Gesicht meines Vaters schaue. Er hat tiefe Sorgenfalten auf der Stirn.</td><td>Jeannine fühlte sich elend. In ihrem Kopf klopfte und hämmerte es, als würde er von einem Vorschlaghammer bearbeitet. Ich verstehe das nicht, dachte sie, wer hat mir bloß diesen Schlag verpasst? Jeannine sah in das bekümmerte Gesicht ihres Vaters. Er macht sich wohl ziemliche Sorgen um mich, dachte sie.</td></tr>
<tr><td colspan="3">Vor- und Nachteile</td></tr>
<tr><td>Der Vorteil dieser Erzählperspektive ist, dass man zwischen den Figuren springen und alle Gedanken einbauen kann.

Aber diese Sicht, die eigentlich alles weiß, vermindert die Spannung. Es kann nichts Unvorhergesehenes mehr passieren. Für manche Genres, wie einen Krimi zum Beispiel, ist es aber wichtig, dass die Leser mitfiebern können.</td><td>Diese Erzählperspektive wirkt ganz unmittelbar und direkt. Außerdem sorgt sie für Spannung, denn der Leser weiß nie mehr als der Ich-Erzähler. Diese Form wird vom Leser als sehr direkt empfunden und bringt die Gefahr mit sich, dass der Leser den Ich-Erzähler/
die ganze Erzählung ablehnt.</td><td>Um Spannung zu erzeugen und sie zu halten, wird die personale Erzählperspektive genutzt. Damit werden die Charaktere deutlicher, emotionaler und lebendiger. Der Leser kann sich so schneller mit den Figuren identifizieren.</td></tr>
</table>

Ein Beispiel für einen auktorialen Erzähler:
„Der Zauberberg“ (THOMAS MANN)

„Die Geschichte Hans Castorps, die wir erzählen wollen, – nicht um seinetwillen (denn der Leser wird einen einfachen, wenn auch ansprechenden jungen Mann in ihm kennenlernen), sondern um der Geschichte willen, die uns in hohem Grade erzählenswert scheint (wobei zu Hans Castorps Gunsten denn doch erinnert werden sollte, daß es seine Geschichte ist, und daß nicht jedem jede Geschichte passiert): diese Geschichte ist sehr lange her, sie ist sozusagen schon ganz mit historischem Edelrost überzogen und unbedingt in der Zeitform der tiefsten Vergangenheit vorzutragen.“

Hier spricht ein auktorialer Erzähler. Er kann in den Zeiten hin- und herspringen. (Vergangenheit, Blick in die Zukunft)

Ein Beispiel für einen Ich-Erzähler:
„Homo faber“ (MAX FRISCH)

„Ich bin nicht zynisch. Ich bin nur, was Frauen nicht vertragen, durchaus sachlich. Ich bin kein Unmensch, wie Ivy behauptet, und sage kein Wort gegen die Ehe; meistens fanden die Frauen selbst, daß ich mich nicht dafür eigne. Ich kann nicht die ganze Zeit Gefühle haben. Alleinsein ist der einzigmögliche Zustand für mich, denn ich bin nicht gewillt, eine Frau unglücklich zu machen, und Frauen neigen dazu, unglücklich zu werden. Ich gebe zu: Alleinsein ist nicht immer lustig, man ist nicht immer in Form. Übrigens habe ich die Erfahrung gemacht, daß Frauen, so bald unsereiner nicht in Form ist, auch nicht in Form bleiben; sobald sie sich langweilen, kommen die Vorwürfe, man habe keine Gefühle. Dann, offen gestanden, langweile ich mich noch lieber allein. Ich gebe zu: auch ich bin nicht immer für Television aufgelegt (...) und Stimmungen ausgeliefert, aber gerade dann begrüße ich es, allein zu sein.“

Ein Beispiel für einen personalen Erzähler:
„Das Urteil“ (FRANZ KAFKA)

„Es war an einem Sonntagvormittag im schönsten Frühjahr. Georg Bendemann, ein junger Kaufmann, saß in seinem Privatzimmer im ersten Stock eines der niedrigen, leichtgebauten Häuser, die entlang des Flusses in einer langen Reihe, fast nur in der Höhe und Färbung unterschieden, sich hinzogen. Er hatte gerade einen Brief an einen sich im Ausland befindlichen Jugendfreund beendet, verschloß ihn in spielerischer Langsamkeit und sah dann, den Ellbogen auf den Schreibtisch gestützt, aus dem Fenster auf den Fluß, die Brücke und die Anhöhen am anderen Ufer mit ihrem schwachen Grün.“

Personenkonstellation, Soziogramm

Begriff „Soziogramm"

Die Personenkonstellationen in literarischen Vorlagen können visuell dargestellt und erfasst werden. Dafür eignet sich ein **Soziogramm.** Dies ist eine bildliche, meist grafische Darstellung der Beziehungen der handelnden Personen, meist durch Kästchen und Pfeile veranschaulicht, zusätzlich werden noch Symbole eingesetzt.

Im klassischen Sinn ist das Soziogramm ein Standardverfahren der Soziometrie, einer Methode der Sozialforschung, welche dazu dient, Beziehungen zwischen Gruppenmitgliedern zu erfassen. Das klassische Soziogramm wurde vom amerikanischen Psychiater J. L. MORENO entwickelt. Es ist ein **Schaubild,** in dem **soziale Beziehungen** grafisch dargestellt werden. In einem Kreis- oder Koordinatensystem werden Personen als Kreise mit Namen darin angegeben, wobei es zur Unterscheidung für Männer und Frauen unterschiedliche Zeichen gibt. Die Beziehungen der Gruppenmitglieder untereinander (positiv oder negativ) werden in Form von Linien oder Pfeilen abgebildet. Mithilfe des klassischen Soziogramms erhält man Informationen über Sympathien und Antipathien zwischen Personen, über Rangordnungen, Führer oder Außenseiter.

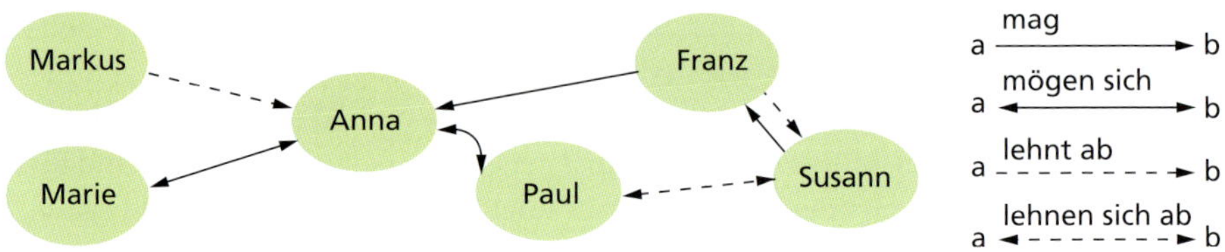

Erstellung eines Soziogramms zu einer literarischen Vorlage

Je nach den Funktionen der gebildeten Gruppe entstehen unterschiedliche soziometrische Wahlkonfigurationen der Beteiligten. Daher sollte im Vorfeld eine **Personenaufstellung** erfolgen.

Danach müssen für das Soziogramm ein, höchstens zwei **Wahlkriterien** festgelegt werden, z. B.:

- die Beliebtheitsstruktur,
- die Kommunikationsstruktur oder
- die Entscheidungsstruktur

der handelnden Personen.

Konstruktionsprinzipien, die bei der Erstellung des Soziogramms beachtet werden sollten:

- Geometrische Figuren wie Dreiecke, Quadrate, Rechtecke, Kreise sind zu bevorzugen.
- Die Namen der Beteiligten werden in die Symbole geschrieben.
- Hauptpersonen sollen in der Mitte des Soziogramms angeordnet werden.
- Beziehungslinien verbinden die Personen.
- Die Linien sollen die Symbole der Personen nicht kreuzen.
- Die Anzahl von sich überschneidenden Linien soll möglichst gering sein.

Arten von Soziogrammen

1. Das **Zielscheibensoziogramm** (nach NORTHWAY)
   - Es besteht aus konzentrischen Kreisen.
   - Die Rangplätze der Personen sind ablesbar.
   - Den handelnden Personen werden Prozente oder Rangnummern ihrer Wichtigkeit zugeordnet: den wichtigsten Personen je Rang 1, wichtigen: Rang 2, weniger wichtigen: Rang 3, nicht so wichtigen: Rang 4.
   - In den innersten Kreis werden die Personen mit Rang 1 eingetragen, in den nächsten die Personen mit Rang 2 usw.

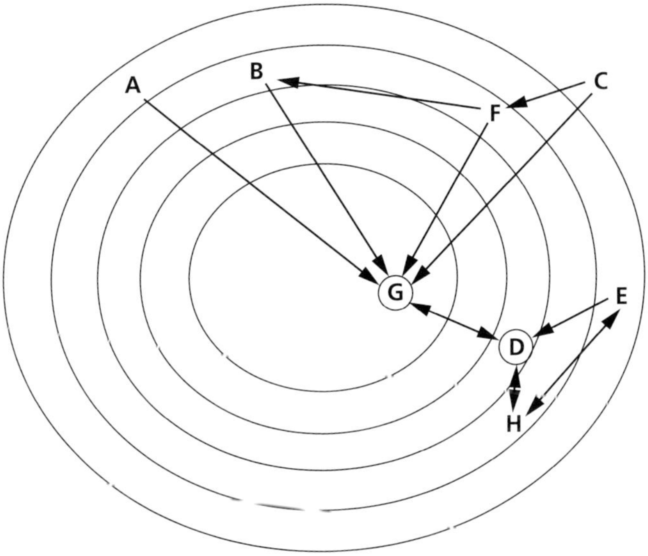

G = Rang 1
D = Rang 2
H, F, B = Rang 3
E, A = Rang 4

2. Das **Morenosoziogramm**
   - Alle Individuen werden durch Linien miteinander verbunden.
   - Man kann die Struktur der Gruppe erkennen.
   - Das Symbol für weibliche Personen ist ein Kreis (kleine Buchstaben für Namen).
   - Das Symbol für männliche Personen ist ein Dreieck (große Buchstaben für Namen).
   - Ein durchgezogener Pfeil auf eine Person hin heißt Anziehung.
   - Ein gestrichelter Pfeil auf eine Person hin heißt Ablehnung.
   - Maßgebend für die Anordnung in der Mitte oder außen ist die soziale Distanz der Personen: Sozialintensive Personen, egal ob positiv oder negativ, werden nach innen gesetzt.
   - Unbeachtete und isolierte Personen werden nach außen gesetzt.

Im Internet finden Sie zahlreiche Programme, mit denen Soziogramme am Computer erstellt werden können (Soziogramm-Maker, Soziogramm-Editor).

Erstellen Sie Personenkonstellationen und Soziogramme zu vorgegebenen Literaturbeispielen.

Prämissen/Leitidee verändern, Wechsel der literarischen Gattung

Der Begriff „literarische Gattung“ wird zum einen als Oberbegriff für die drei Grundvarianten dichterischer Gestaltung Epik, Lyrik und Dramatik – aktuell wird auch der Sachtext dazugezählt – verwendet, andererseits wird „literarische Gattung“ auch als Unterbegriff für einzelne Formen der Dichtung angewandt, z. B. für die Prosa den Roman, die Novelle, für die Lyrik das Lied, die Ballade, für die Dramatik die Tragödie oder die Komödie.

Drama
Das Drama ist ein Schauspiel, das für ein Publikum, meist auf einer Bühne, inszeniert wird. Die Schauspieler stellen Personen dar, die an der Handlung beteiligt sind. Im Wechselspiel der Charaktere entwickelt sich die Handlung des Dramas. Während der Aufführung ist das Geschehen auf der Bühne die Gegenwart für das Publikum. Was ein epischer Text erzählt, wird im Drama in die Sprechtexte eingebaut. Durch die Bühne sind Grenzen gesetzt, der Ort kann nicht beliebig oft und schnell gewechselt werden, große Zeitsprünge erschweren das Verstehen.

Epik
Die Epik ist die Gesamtheit der erzählenden Dichtung, von den Kurzformen Märchen, Sage, Fabel, Kurzgeschichte über die Novelle bis zum Roman. Sie lebt von Erzählern, die Ereignisse aus einer Perspektive wiedergeben (↗ S. 64).

Lyrik
Lyrische Texte unterscheiden sich von der Prosa durch ihre gebundene Form, in Vers, Metrik, Strophenbau, und werden übergreifend auch als Gedichte bezeichnet. Im Lauf der Zeit verlor die gebundene Form immer mehr an Bedeutung, sodass sich Lyrik heute nur noch selten über metrische Formen definiert.
Bestimmend für die Lyrik sind neben formalen Merkmalen wie Vers, Strophe, Reim und Rhythmus das uneigentliche Sprechen in Bildern und der oft sehr persönliche Grundton. Die Lyrik setzt Gefühle, Stimmungen und Meinungen in sprachliche Bilder um.

Drama	Epik	Lyrik
– Monolog/Dialog – Handlung vor den Augen der Zuschauer	– Perspektivwechsel – Erzählfiguren	– stets nur eine Perspektive – gebundene Rede (Rhythmus, Vers, Sprache)
unmittelbares Erleben	mittelbares Erleben	unmittelbares oder mittelbares Erleben

Verändern Sie einen vorgegebenen Text aus einer Gattung, indem Sie die Inhalte behalten, jedoch die literarische Gattung wechseln.

Précis, Kommentar, Brief

Précis

Für eine möglichst textnahe Darstellung eines umfangreicheren Ursprungstextes eignet sich der Précis. Es ist eine Textwiedergabe, die einen längeren Text präzise zusammenfasst. Ein guter Précis ist kurz, korrekt und erspart das Lesen des zusammengefassten Textes. Der Ursprungstext wird gekürzt, ohne die Sachinformation oder den Stil zu verändern. Wesentliche Gedanken des Ursprungstextes werden wiedergegeben, ohne sie zu verändern oder zu interpretieren. Ein Précis ist keine Kritik am Text. Persönliche Wertungen müssen unterbleiben.
Merkmale des Précis:

- Er gibt alle wesentlichen Inhalte/Gedanken des Ursprungstextes wieder. Bedeutungen werden nicht verändert, der Autor darf den Ursprungstext nicht interpretieren.
- Rhetorische Figuren können sprachlich verändert werden.
- Die direkte Rede des Ursprungstextes wird in indirekter Form wiedergegeben.

Der Précis soll ein selbstständiger, zusammenhängender Text sein.
Ähnliche Textformen sind das Exzerpt und die Zusammenfassung.

1. *Verfassen Sie einen Précis zu einem vorgegebenen Text. Vergleichen Sie Ihren Précis mit dem anderer Schüler.*

Kommentar

Als Kommentar bezeichnet man einen Meinungsbeitrag zu einem Thema, er gehört zu den meinungsbetonten Darstellungsformen. Die Form wird vor allem im Journalismus verwendet. Anders als z. B. beim Précis muss die persönliche Meinung des Kommentators sichtbar werden. Die Meinungsäußerung soll eine Orientierung für die Bedeutung von Ereignissen oder Problemen sein, im Kommentar wird interpretiert. Ein Kommentar ist eine subjektive Stellungnahme zu einem Problem, kann kritische Fragen und Argumente und auch Ironie enthalten.
Es gibt verschiedene Arten von Kommentaren:

- erklärend, erleichtert das Verständnis,
- bewertend, gibt positive oder negative Beurteilung zum Thema und erläutert und begründet diese,
- argumentierend, will den Leser mit Tatsachen überzeugen.

2. *Verfassen Sie einen Kommentar zu einem vorgegebenen Thema. Vergleichen Sie Ihren Kommentar mit dem anderer Schüler.*

Brief

Zu einem Thema wird ein Brief an eine echte oder fiktive Person geschrieben (auch an sich selbst). Das Verfahren hilft, Gedankengänge an einen Adressaten zu richten. Mit Briefen lassen sich Textarten verbinden.

3. *Schreiben Sie einen Brief an eine Figur aus einer vorgegebenen Geschichte.*

Fragmente verwenden: verdorbener Text/imitierter Text, Transformation

Verdorbener Text (Textfragment)

Hier gelangt man vom Fragment zum Text, d. h., es wird eine Wiederherstellung eines verstümmelten, unvollständigen, Textes durchgeführt.

- Ein vorbereitetes Textfragment soll rekonstruiert oder ergänzt werden.
- Anschließend kann mit dem Ursprungstext verglichen werden.

Die Methode kann mit dem Textpuzzle kombiniert werden. Eine weitere Möglichkeit ist auch das Angebot von zwei Texten, z. B. zwei verschiedenen Gedichten, deren Teile zusammengemischt angeboten werden. Dazu werden die Gedichte zeilenweise zerschnitten und dann gemischt. Die Fragmente werden entweder wieder zu den beiden Ursprungstexten zusammengesetzt oder mit eigenen Fragmenten ergänzt. Bei der Arbeit daran können die sprachlichen Prinzipien als Unterscheidungskriterium herausgestellt werden.

Vorteile dieser Methode:

- Es ist ein mitgestaltender Annäherungsprozess.
- Durch die Verstümmelung des Ursprungstextes wird Motivation erzeugt.
- Der Text wirkt spannungsreicher, vielfältiger und intensiver.

Restauration

Als Restauration bezeichnet man im Allgemeinen die Wiederherstellung eines Gegenstandes. In der Literatur meint der Prozess den Weg vom Fragment zum Text, den Umgang mit Versfragmenten, eine vorausgestaltende Auseinandersetzung.

Transformation/Verfremdung

Als Transformation bezeichnet man eine ästhetische Handlung, in welcher der Künstler das Werk eines anderen zum Anlass für die eigene Gestaltung nimmt.

Beispiel:

„Rotkäppchen – wie es der Mathematiker seinen unmündigen Kindern erzählt" (Auszug)

Es war einmal ein Mädchen, dem wurde eineindeutig eine rote Kappe zugeordnet, wodurch es als Rotkäppchen definiert wurde.

„Kind", argumentierte die Mutter, „werde kreativ, mathematisiere die kürzeste Verbindung des Weges zur Großmutter, analysiere aber nicht die Blumen am Wege, sondern formalisiere deinen Weg in systematischer Ordnung."

Rotkäppchen vereinigte einen Kuchen, eine Wurst und eine Flasche Wein zu einer Menge, hinterfragte noch einmal den Weg und ging los. Im Walde schnitt ihr Weg den eines Wolfes. Er diskutierte mit ihr über die Relevanz eines Blumenstraußes für die Großmutter und motivierte sie, einen geordneten, höchstens abzählbaren Strauß zu verknüpfen. …

(Wille, Friedrich: Humor in der Mathematik. Göttingen: Vandenhoeck & Ruprecht, 1982, S. 88.)

1. *Wandeln Sie bekannte Märchen um, indem Sie sie verfremden. Verwenden Sie einen märchenfremden Fachbereich, dessen Vokabular benutzt werden kann.*

Märchentext

Märchen gehören zum Kulturgut der Völker. Ihre Motive finden sich in vielen Kulturkreisen wieder.
Die Erfinder der ersten Märchen sind meist nicht mehr zu ermitteln, da diese mündlich überliefert wurden. Erst etwa ab dem frühen 18. Jahrhundert wurden Märchen aufgezeichnet und gesammelt.

Märchen haben oft ein einfaches **Grundmuster:** Ein Held löst ein Problem oder eine ihm gestellte Aufgabe, das Gute siegt dabei am Ende über das Böse, Handlungsschritte werden wiederholt, es werden magische Dinge, Zahlen, Sprüche und Formeln eingesetzt, Schauplätze und Zeiten bleiben meist diffus: „Es war einmal …“, „im Wald“, „in einem Schloss“.

Märchen gehören zu unseren ersten Begegnungen mit Literatur und im Nachhinein betrachtet bekommen sie so einen persönlichen, nostalgischen Aspekt. Märchen sind ein kreatives Mittel, um Alltagserlebnisse zu verfremden und darzustellen, indem sie in verkleideter Gestalt dargeboten werden.

Vorgehen beim Schreiben eines Märchens

- **Schlichte Sprache:** Da die Märchen ursprünglich mündlich überliefert wurden, musste der Vortragende sie auswendig kennen. Daher verzichtet das Märchen auf lange Sätze sowie komplizierte Nebensätze und verwendet keine Fremdwörter.
- **Verwendung von Wiederholungen:** Wiederholungen kommen der mündlichen Überlieferung entgegen. So prägte sich das Erzählte auch beim Hören besser ein. Daher gehören Wiederholungen zu den Stilelementen des Märchens. Dies geschieht oft in Form magischer Zahlen, zum Beispiel der Drei oder der Sieben.
- **Schlichter, geradliniger Aufbau:** Im Mittelpunkt des Märchens steht die Aufgabe für den Helden, das Problem. Komplizierte Nebenhandlungen fehlen.
- **Vage Orts- und Zeitangaben:** Ort und Zeit der Handlung bleiben diffus.
- **Eindimensionale Charaktere:** Das Märchen verwendet keine komplexen Figuren, sondern reduziert sie meist auf nur einen Charakterzug. Das zeigt sich auch daran, dass sprechende Namen verwendet werden: „der gestiefelte Kater“, „Schneeweißchen“, „Gänsehirte“.
- **Das Gute siegt!** Auch das glückliche Ende gehört zur schlichten Struktur eines Märchens. Gut kämpft gegen Böse, am Ende gewinnt das Gute.
- **Verknüpfung von Realismus und Surrealismus:** Das Märchen verwendet surreale Elemente, Schauplätze oder Charaktere, z. B. Hexen, Zwerge, Drachen …, lässt Tiere sprechen und Dinge zum Leben erwachen. Und doch kann die Grundidee auf reale Gegebenheiten zurückgeführt werden.

1. *Schreiben Sie selbst ein Märchen. Als Grundidee können Begebenheiten aus dem Alltagsleben, Ereignisse aus den Medien oder auch Teile vorgegebener Texte verwendet werden.*

Parallelgeschichte, Parallelgedicht

Parallelgeschichte

Parallelgeschichten entstehen, indem von einem vorgegebenen Text das Muster übernommen wird, welches dann mit verändertem Inhalt neu geschrieben wird.

- **Paralleltexte** ähneln in ihrem Inhalt dem vorgegebenen Text.
- **Gegentexte** verkehren den Inhalt des Ursprungstextes ins Gegenteil.
- **Parodien** verzerren, übertreiben oder verspotten den Inhalt des Ursprungstextes.

Eine Parallelgeschichte kann mit dem Original entweder gesamt oder in verschiedenen Analysekategorien übereinstimmen:

- in Ort und Zeit,
- in Erzählstil und Sprache,
- im Handlungsverlauf, in Konflikten, Problemen,
- in den Personen/Charakteren und Personenkonstellationen.

Tipp MICHEL SALEWSKI (Hrsg.):
Was wäre wenn. Alternativ- und Parallelgeschichte: Brücken zwischen Phantasie und Wirklichkeit. Stuttgart: Franz Steiner Verlag, 1999.

1. *Schreiben Sie zu vorgegebenen Texten Parallelgeschichten:*
   - *als Genregeschichte, z. B. eine Münchhausengeschichte,*
   - *als Fortsetzung, indem Sie den Anfang weitererzählen,*
   - *als Parallelgeschichte in Form der Ausgestaltung eines vorgegebenen Erzählkerns,*
   - *in Form der Umgestaltung literarischer Vorlagen, z. B. Umgestaltung von Fabeln mit neuem Schluss.*

Parallelgedicht

Ein Parallelgedicht orientiert sich an der Form des Originalgedichtes. Inhalt oder Aussagen werden beim Gegengedicht ins Gegenteil verkehrt oder auch parodiert. Um ein solches Parallelgedicht zu verfassen, müssen Form, Inhalt und Aufbau des Originalgedichtes analysiert werden.
Reimschema und die Silbenzahl sollten mit dem Original übereinstimmen. Beim Schreiben des Parallelgedichts erlaubt das Nachgestalten eine Annäherung an die Themen.

Geändert werden dürfen:

- die Perspektive, z. B. lyrische Personen,
- das Thema des Gedichtes,
- Teilinhalte,
- einzelne Worte.

2. *Schreiben Sie Parallelgedichte zu vorhandenen Gedichten. Beachten Sie dabei, dass Bau und Rhythmus des Originalgedichts erhalten bleiben sollten.*

Kritische Auseinandersetzung mit geschriebenen Texten

Zur Arbeit mit Texten gehört auch die kritische Auseinandersetzung mit einem vorliegenden Text. Sie ergibt sich aus dem Verstehen des Textes und ermöglicht eine Urteilsbildung. Gleichzeitig können Texte so verbessert werden.
Sich mit dem Text kritisch auseinanderzusetzen bedeutet, Inhalt Aussage und Wirkung zu analysieren, zu vergleichen, die Argumentation zu überprüfen.
Eine kritische Auseinandersetzung ist jedoch mehr als „Kritisieren", schon gar keine rein negative Kritik. Im Ergebnis kann man dem Text zustimmen, eingeschränkt zustimmen oder ihn ablehnen.

1. **Zustimmung zum analysierten Text:** Sie sollten darauf achten, dass die Zustimmung begründet wird. Eine sinngemäße, inhaltliche Wiedergabe, das Paraphrasieren, reicht nicht aus. Die Begründung sollte zusätzliche Argumente enthalten, Belege anführen, auf Konsequenzen hinweisen oder Anhaltspunkte aus dem eigenen Erfahrungsbereich heranziehen.
2. **Einschränken eines analysierten Textes:** Einem analysierten Text kann begrenzt zugestimmt werden. Dies heißt, dass der Kritiker die Kernaussage billigt, einen Teil der Argumente unterstützt oder nur bestimmte Aussagen richtig findet. Die Einschränkungen sollten dargestellt werden, z. B. Irrtümer und Vereinfachungen benennen und korrigieren oder die Belege relativieren.
3. **Ablehnen eines analysierten Textes:** Oft wird diese Form der Textkritik als einzige Form der Kritik betrachtet, weil sie auf entgegengesetztem Verständnis beruht. Es können Inhalt, Aussage oder Wirkung abgelehnt werden. Es reicht jedoch nicht aus, den Text zu missbilligen, die Ablehnung muss auch mit einer eigenständigen Gegenargumentation begründet werden. Die vorgebrachten Argumente sollten stichhaltig und schlagkräftig sein.

Möglichkeiten der Textkritik kreativer Manuskripte und Texte

Prüfung nach fachlichen Kriterien

- Adäquanz und Inadäquanz: Wird die Vorlage korrekt erfasst? Folgt der Text der Vorlage und erfasst das Thema und die Probleme? Ist die Lösung Ausdruck eines eigenen, divergenten Denkens?
- Kohärenz: Fügen sich die Details oder Teile eines Textes zu einem Ganzen zusammen? Wie verknüpft der Autor Textteile?
- Komposition: Ist eine Abfolge, eine Struktur erkennbar? Sind Handlungsschritte und Gedanken schlüssig?
- Binnenmerkmale des Textes: Passen Satzbau, rhetorische Mittel, Metaphern zum Text?
- Stilebene: Passen Schreibstil und beabsichtigte Wirkung zusammen?
- Originalität: Ist der Text anschaulich, gibt es originelle Bilder oder überraschende Einfälle?
- Kunstfertigkeit: Findet der Autor eine auffällige Form oder eine unverwechselbare Gestalt? Erfindet er neue Gestaltungsmittel?

Leserbrief
Die Kritiker befassen sich mit dem Text und schreiben im Anschluss einen Brief an den Autor, der Hinweise und Anmerkungen enthält. Der Autor kann schriftlich oder mündlich darauf reagieren. Unsachliche Argumente sollten unterbleiben.

Rezension
Zu einem kreativen Text wird eine Rezension (↗ S. 38) verfasst. Die Rezension sollte schriftlich verfasst werden. Der Rezensent analysiert und bespricht die kreative Geschichte nach bestimmten Vorgaben.
Andere Autoren rezensieren davon unabhängig, so kann es vorkommen, dass die verschiedenen Rezensionen einander in bestimmten Punkten widersprechen oder sogar völlig gegensätzlich sind.

Feedbackmethode
Der Text wird in der Runde vorgelesen. Die Teilnehmer machen sich Notizen mit Fragen, Kommentaren, Beobachtungen, Anmerkungen, Verbesserungen.
Im Anschluss werden die Notizen besprochen und vom Autor beantwortet. Hinweis: Es sollte zuerst immer mit einem positiven Fakt begonnen werden!
Als Variante kommt auch die **Stellvertretermethode** zum Einsatz. Hier trägt nicht der Autor selbst, sondern ein „Vorleser“ den Text vor. Dieser beantwortet im Anschluss auch die Fragen aus seiner Sicht oder spricht sich vorher mit dem Autor ab.

Pressekonferenz
Der Text wird vorgetragen. Die Zuhörer formulieren **Fragen** zum Text und stellen diese im Anschluss in einer Pressekonferenz.

Lektorieren/Redigieren
Das Lektorat ist eine „Nachlesung“ zur Vermeidung von stilistischen, fachlichen und Rechtschreibfehlern. Beim Redigieren prüft der Redakteur den Text auf Stilistik, Grammatik und fachliche Korrektheit, nimmt Kürzungen oder Veränderungen vor.
Der vorgestellte Text kann nun von einer Person schriftlich lektoriert und redigiert werden. Im Anschluss bespricht der Lektor die Änderungen mit dem Autor.

Redaktionsbesprechung
Analog den Vorgängen in einer Zeitungsredaktion übernehmen die Teilnehmer Teilaufgaben: Prüfung der Orthografie, Prüfung von Syntax und Grammatik, Gliederung und Layout ... Ein Wechsel der Funktionen kann vereinbart werden.

Gegentext verfassen
Zum vorliegenden Text wird ein Gegentext verfasst (↗ S. 74).

Poetry Slam (Dichterwettstreit)
In einem Vortragswettbewerb werden die selbst geschriebenen Texte einem Publikum vorgetragen. Das Publikum entscheidet durch Applaus oder Punktevergabe über den Sieger.

Kreatives Schreiben – eine Zusammenfassung

Die Verfahren der kreativen Textproduktion lassen sich in vier Bereiche gliedern:

Restaurieren und Antizipieren	Transformieren	Formale Vorgaben von Sprachmaterial nutzen	Texte neu gestalten
– Text aus Teilen rekonstruieren – Textgliederung verfassen – Text kürzen – syntaktische Struktur verändern – Text entflechten – Lückentext ergänzen – Textcollage herstellen – Fortsetzung entwerfen	– Text in eine andere Form transformieren – Einfügen von Kommentaren und Fragen – Fortsetzung schreiben – angedeutete Handlungslinie weiterschreiben – Vor- oder Rahmengeschichte schreiben – Paralleltext verfassen – inneren Monolog, Brief, Tagebuch zu einer Figur verfassen – Text verkürzen oder ausbauen – Text in anderer Abfolge erzählen – Erzählperspektive ändern, z. B. Figur in der Ich-Form erzählen lassen – eine Figur verfremden	– Verfassen von Texten nach analysierten Mustern (Lyrik, Prosa) – selbst gewählte Regeln für Textstruktur vorgeben und nutzen – vorgegebenes Sprachmaterial aus anderen Texten nutzen	– neue Texte durch Clustering entwickeln – automatisches Schreiben – Freewriting – Texte visualisieren – verschiedene Vortragsweisen wählen – Text als Pantomime darstellen – Text als Video darstellen

Romantische Schreibtechnik

Die romantischen Schreiber wie E. T. A. Hoffmann, Jean Paul oder Novalis versetzten sich vor dem Schreiben in „dichterische Trance“. Sie kannten Hypnosetechniken. Durch die dichterische Trance gelang es ihnen, ihr Alltagserleben mit dem kreativen Unterbewussten zu verbinden. Das romantische Schreiben ist gekennzeichnet durch:

- eine Überhöhung der Gefühle,
- geheimnisvolle Eigenschaften banaler Dinge,
- die unsichtbare Würde der Gegenstände,
- den unendlichen Schein des Endlichen,
- das Mystische im Alltäglichen,
- romantische Prosa in Form von Kunstmärchen,
- Traumbilder,
- Wechsel von Erniedrigung und Erhöhung in der Geschichte.

1. *Schreiben Sie Texte in der romantischen Schreibweise, z. B. einen romantischen Liebesbrief, ein Märchen über Ihre Zukunft, die Erfahrungen eines Alltagsgegenstandes aus dessen Sicht, Traumbilder oder stellen Sie das Mystische im Alltag dar.*

Naturalistische Schreibtechnik

Das naturalistische Schreiben entstand im Kontext der Erfindung der Fotografie und wurde maßgeblich von ÉMILE ZOLA begründet. Hier geht es um die genaue Erfassung der Realität. Deutsche Dichter wie GERHART HAUPTMANN, ARTUR SCHNITZLER oder ARNO HOLZ verwendeten diese Form des Schreibens.

Das naturalistische Schreiben ist gekennzeichnet durch:

- Nutzung aller Sinne,
- exakte Wiedergabe der wörtlichen Rede,
- realistische Darstellung der Gesellschaft, wobei Wert auf ihre schlimmsten Aspekte gelegt wird,
- Experimente mit unterschiedlichen Erzählperspektiven, dabei Verzicht auf auktorialen Erzähler,
- Ablehnung des Reims in der Lyrik,
- Ablehnung der üblichen Satzstellung: Subjekt, Prädikat, Objekt.

2. *Schreiben Sie Texte in der naturalistischen Schreibweise, z. B. Gesprächscollagen aus Aufzeichnungen, einen inneren Monolog über die eigene Zukunft, einen lyrischen Text ohne Reime über Alltagsdinge oder -erlebnisse.*

Expressionistische Schreibtechnik

Die expressionistische Schreibtechnik verändert die Alltagssprache vielfältig. Vertreter waren u. a. GOTTFRIED BENN, ELSE LASKER-SCHÜLER und GEORG TRAKL. LOTHAR SCHREYER und FILIPPO TOMMASO MARINETTI postulierten folgende Charakteristika:

- Zerstörung der Grammatik,
- Substantivierung, Wortveränderungen und Satzverkürzung,
- Gebrauch der Verben im Infinitiv,
- Heterogenisierung, d. h. Gegeneinandersetzen poetischer Bilder,
- Beseitigung von Adjektiven und Adverbien,
- Personifizierung der Umwelt,
- Utopisierung und Reduktion,
- Abschaffung der Interpunktion,
- Zerstörung von Klischees, Fülle von Analogien und Verfremdung.

Surrealistische Schreibtechnik

Das surrealistische Schreiben entstand aus dem automatischen Schreiben (↗ S. 19). Vertreter wie ANDRÉ BRETON, LOUIS BUÑUEL oder PHILIPPE SOUPAULT experimentierten mit Traum und Trance und schufen bilderreiche Texte. Surrealisten widmeten sich dem realen Detail, lösten Dinge aus ihrem Alltagszusammenhang und schreiben darüber. Ihr Schreiben war oft eine Einheit von Zeichnen und automatischem Schreiben.

3. *Schreiben Sie ein Traumtagebuch. Verwandeln Sie Traummotive in surrealistische Texte.*
4. *Recherchieren Sie die surrealistischen Techniken Frottage und Klecksografie. Stellen Sie Beispiele gegenüber.*

Die surrealistischen Techniken Frottage und Klecksografie

Die **Frottagetechnik** stammt von MAX ERNST. Sein Wunsch, einen der automatischen Schreibweise (écriture automatique) entsprechenden Kunststil zu kreieren, führte ihn 1925 zur Entwicklung dieser Technik. Er rieb die Oberflächenstruktur von Blättern oder Holzstücken mithilfe eines weichen Bleistifts auf ein Zeichenblatt durch. Durch die so entstandenen Bilder ließ sich MAX ERNST zu visionären Konzepten anregen.

Alle Gegenstände mit Profil sind für die Frottage geeignet: Geldstücke, Blätter, Stoff, Holz, Pappe usw. Zum Abreiben können Bleistifte, Buntstifte, Wachsmalstifte oder Kreiden verwendet werden.

Schon LEONARDO DA VINCI befasste sich mit der Deutung von Mauerflecken und war sich ihrer fantasieanregenden Wirkung bewusst.

JUSTINUS KERNER arbeitete mit der Falz- und **Faltdruckklecksografie.** Dabei wird ein Blatt Papier, auf dem sich flüssige Farbkleckse befinden, gefaltet und zusammengepresst. So entstehen symmetrische Zufallsbilder. VICTOR HUGO spritzte mit Federkielen und Tusche auf ein Blatt Papier und ließ durch Faltung und Quetschung Bilder entstehen. Beim Fließverfahren wird die flüssige Farbe auf Papier oder einem anderen Bildträger zum Verlaufen gebracht. Künstler wie JOAN MIRÓ experimentierten mit dieser Technik. Auch durch Verpusten von flüssiger Farbe entstehen bizarre Strukturen, die an Objekte aus der Natur erinnern.

Die so entstandenen Klecksbilder lassen beim Betrachter Assoziationen und Analogien entstehen. Diese können als Gestaltungsidee dienen.

Der Rorschachtest ist ein psychologisches Testverfahren, mit dem der Psychologe in die Seele eines Menschen zu blicken versucht. Der Test besteht aus einer Serie von Tafeln mit Klecksbildern, die der Patient erläutern muss. Aus diesen Erklärungen zieht der Psychologe Rückschlüsse auf das Seelenleben des Patienten.

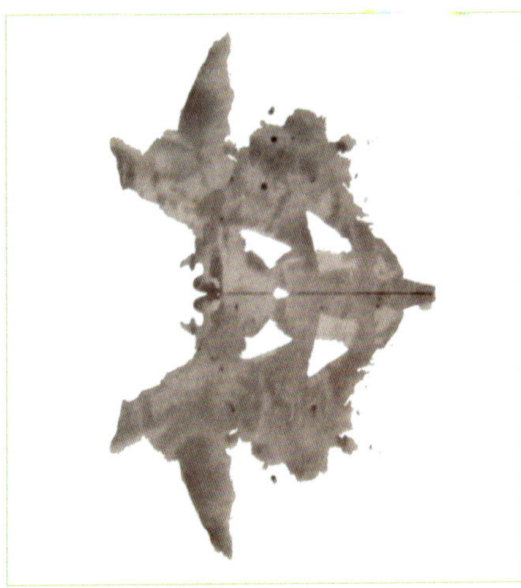

Fertigen Sie selbst Frottagen, Klecksografien und dazugehörende Texte an.

Register